www.tredition.de

AF204236

Alfonso Izquierdo von Paller

Taekwondo –

traditionelle Kampfkunst als Chance für die moderne Gesellschaft

www.tredition.de

© 2020 Alfonso Izquierdo von Paller

Verlag und Druck: tredition GmbH, Halenreie 40-44, 22359 Hamburg

ISBN
Paperback: 978-3-7497-3389-7
Hardcover: 978-3-7497-3390-3
e-Book: 978-3-7497-3391-0

Inhaltsverzeichnis

Kapitel 1 – Einleitung

Taekwondo steht heute als Kampfsport für Schnelligkeit, Kraft, Ausdauer, Fitness, Explosivität, herausragende Körperbeherrschung und natürlich auch für Kampf und Auseinandersetzung, Selbstverteidigung und viele weitere Aspekte, die uns in den Medien, im Film und Fernsehen suggeriert werden. Aber das traditionelle Taekwondo ist viel mehr als das. Es ist eine Kampfkunst mit hohem ideellem Anspruch an sich selbst, mit fundierter zugrunde liegender Philosophie, die ein ursprünglich militärisches Selbstverteidigungs- und Kampfsystem in Jahrhunderten durchdrungen und auf ein Niveau gehoben hat, das weit über die Kampf- und heute vor allem Sportebene hinausgeht.

Die frühesten Wurzeln oder Grundlagen des Taekwondo lassen sich grob gesagt bis in die erste Hälfte des ersten Jahrtausends zurückverfolgen. In verschiedenen Herrscherdynastien, die tendenziell militärisch ausgerichtet waren, wurde die waffenlose Selbstverteidigung zur Gesunderhaltung und natürlich zur Schulung kämpferischer Fähigkeiten praktiziert. Wie in verschiedenen asiatischen Regionen kam es hierbei jedoch schnell zu einer Durchdringung dieser Praktiken mit wesentlichen spirituellen und philosophischen Gedanken und Ideen, was diese im Folgenden auf ein ganz anderes Anspruchsniveau hob. In den Jahrhunderten reicherten sich Ideale und Leitgedanken diverser philosophischer Strömungen an, so etwa aus dem Konfuzianismus und dem Daoismus, ebenso wie buddhistische, neokonfuzianistische Elemente oder auch aus dem vielleicht bedeutendsten Werk der chinesischen Philosophie, dem Yijing.

Einzelne Autoren beschreiben hierbei einen großen Einfluss aus Ländern wie Japan und China. Allen voran wird hierbei die traditionelle koreanische Kampfkunst Taekkyon genannt. Vor allem diese, in Verbindung mit dem japanischen Skotokan-Karate, welches seinerseits stark durch das chinesische Quanfa (Wushu) beeinflusst wurde, machten Taekwondo zu dem, was es heute darstellt.

Diese mannigfaltigen Elemente formten ein Konglomerat und machten das traditionelle Taekwondo zu dem, was es eigentlich ist, eine Kampfkunst, die dazu gedacht ist, Körper, Geist und Seele in Einklang zu bringen. Taekwondo muss heute somit als eine Lebensweise verstanden werden, nicht als bloßer Sport. Es folgt einer profunden Philosophie und sein größtes Ziel ist die Selbstfindung und dessen Vervollkommnung. Dies findet expliziten Ausdruck und manifestiert sich in der Endsilbe Taekwon-*Do*, was als Essenz der Kampfkunst zu verstehen ist und weit über jeder physischen Schulung steht.

Das 20. Jahrhundert brachte grundlegende Veränderungen für das Taekwondo. Nach dem 2. Weltkrieg und dem Ende der japanischen Besatzung Koreas kam es zur Vereinigung verschiedener Stile, Schulen und Spielarten des Taekwondo. Dies spielte in Korea selbst eine prägende Rolle im Hinblick auf die Herausbildung eines nationalen Bewusstseins. Als „Vater des modernen Taekwondo" gilt General Choi, Hong-Hi, der einem Gremium der verschiedenen Großmeister vorstand. Die Verbreitung des Taekwondo in die Welt begann. Mitte und Ende der 1960er Jahre nahm Taekwondo unter Großmeister Kwon, Jae-Hwa, schließlich auch Einzug in Deutschland.

Mittlerweile bestehen zwei große Weltverbände, die World Taekwondo Federation (WT, bis 2017 als WTF bekannt) einerseits und die International Taekwondo Federation (ITF) andererseits. Die 1981 gegründete Deutsche Taekwondo Union (DTU) ist Mitgliedsverband der WT.

Die vorliegende inhaltliche Auseinandersetzung macht sich zur Aufgabe, nach einer kurzen allgemeinen Einführung und Vorstellung der Kampfkunst sowie einer knappen Darstellung des historischen Hintergrundes dem interessierten Leser insbesondere den geistigen Wert des Taekwondo näherzubringen. Hierbei soll jedoch nicht dezidiert auf die grundlegenden philosophischen Strömungen eingegangen werden, die auf das Taekwondo nachhaltig eingewirkt und es geprägt haben [hierzu z.B. Riegel]. Es soll vielmehr um das hieraus erwachsene Wesen des Taekwondo gehen, wonach es um Persönlichkeitsentwicklung und Charakterschulung geht. Es gilt auch zu veranschaulichen, wo und in welcher Form einzelne Aspekte des Do in der Ausübung der Kampfkunst Ausprägung erfahren und sich dort manifestieren. Darauf aufbauend soll versucht werden, die Chancen und den potenziellen Nutzen der traditionellen Kampfkunst für unsere moderne Gesellschaft exemplarisch zu veranschaulichen. Hierzu soll aus dem persönlichen Kontext des Autors vor allem auf junge Menschen und die Institution Schule, auf Gewaltprävention sowie weitere grundlegende gesundheitliche Aspekte eingegangen werden. Was der Leser in dieser Arbeit nicht vorfindet, sind etwa eine detaillierte Technik- und Formenschule [hierzu z.B. Um, Lee oder Gatzweiler], eine trainings- oder strategiebasierte Auseinandersetzung mit dem Wettkampf [hierzu z.B. Nam] oder eine

Darstellung von Selbstverteidigungstechniken [hierzu z.B. Höller/Maluschka, Um].

Es geht also folglich um eine einführende Darstellung in die Ziele und Werte, den Geist des traditionellen Taekwondo und die hieraus resultierenden Chancen und Möglichkeiten für die moderne Gesellschaft, die weit über den rein sportlichen Wert hinausgehen. Hierbei geht es nicht um eine romantisierende, überhöhende oder esoterische Darstellung eines Gedankenkonstruktes. Es soll ein konkreter Nutzen für eine Gesellschaft dargestellt werden, die sich in der Breite immer stärker durch Eigenschaften wie einen allgemeinen Werteverlust, zweifelhafte Ideale, Respektlosigkeit, Egoismus und/oder Intoleranz auszeichnet. Eine Gesellschaft, die sich zunehmend dem Materialismus, dem Konsum und Kommerz verschreibt und verstärkt durch Oberflächlichkeit und Strukturlosigkeit zu charakterisieren ist. Dieser Gesellschaft kann die Kampfkunst Taekwondo ein Instrumentarium bieten, das diesen negativen Tendenzen entgegenstehen kann. In Abhängigkeit von einer produktiven Lehrer-Schüler- beziehungsweise Trainer-Sportler-Beziehung und mit der entsprechenden Fokussierung auf die Wertschätzung des Do kann die Kampfkunst dem Einzelnen und folglich auch der Gesellschaft als solcher einen wertvollen Gegenpol bieten und wichtigen Beitrag leisten.

Insofern versteht sich diese Auseinandersetzung auch als eine Art Plädoyer für das traditionelle Taekwondo beziehungsweise die Kampfkunst gegenüber dem olympischen Wettkampfsport, der natürlich für sich einen ganz eigenen Reiz und eine Berechtigung hat und auch eine spezielle Herausforderung darstellt. Somit muss es zumindest grundlegend auch um die Frage gehen, welchen Weg das

Taekwondo in Zukunft gehen will. Soll es weiterhin auf sportlicher Ebene professionalisiert werden, um etwa noch medienwirksamer in den Blickpunkt des Sports gerückt zu werden? Oder geht es um eine wieder deutlichere Besinnung auf die Essenz und den eigentlichen Wert der Kampfkunst im Hinblick auf die Persönlichkeitsentwicklung des Einzelnen und Formung einer entsprechenden Gesellschaft.

Neben allen Trainern und Trainingskameraden der letzten Jahre gilt mein besonderer Dank im Hinblick auf diese Arbeit insbesondere Panagiotis Dimitriadis und Heike Buscher, die mir mit ihrem reichen Wissensschatz und ihrer geduldigen und konstruktiven Kritik zur Seite standen!

Kapitel 2 – Was ist Taekwondo

Taekwondo ist eine koreanische Kampfkunst, die sich über annähernd 20 Jahrhunderte zu einem effektiven, waffenlosen Selbstverteidigungssystem entwickelt hat. Die WT bezeichnet Taekwondo anlässlich der Olympischen Spiele 2012 in London als genuin koreanische Kampfkunst, die gleichsam moderner Wettkampfsport ist, mit dezidierter sportwissenschaftlicher Grundlage und weltoffenem und tolerantem Wertesystem. Neben den rein verteidigungstechnischen und sportlichen Aspekten hat diese Kampfkunst aber vor allem einen Anspruch als Charakter- und Persönlichkeitslehre.

Frei übersetzt meint der Begriff Taekwondo in etwa „Kunst des Fuß- und Handkampfes", wobei *Tae* Fuß- und Tritttechniken, *Kwon* Hand- und Schlagtechniken und *Do* so viel wie Weg, Lehre oder Methode meinen. Um dies zu erlernen, basiert die Kampfkunst auf einem Zyklus aus unterschiedlichen, aber miteinander verbundenen Einzeldisziplinen. Hierzu gehören Grundtechniken, der Formenlauf (*Poomsae*), Partnerübungen wie der Einschrittkampf (*Ilbo Taeryon*), Sparring beziehungsweise der Freikampf (*Kyorugi*), der Bruchtest (*Kyokpa*) und schließlich als höchstes Ziel die Selbstverteidigung (*Hosinsul*). In dieser letzten Teildisziplin vereinen sich nun alle zuvor genannten Aspekte zu einer waffenlosen Selbstverteidigung, die durch geschicktes Ausweichen, das Abfangen eines Angriffes sowie einen präzisen Konter zum schnellen Ausschalten des Angreifers führen soll.

Das sich zyklisch wiederholende, intensive Trainieren dieser verschiedenen Aspekte des Kampfkunstsystems entwickelt beim Sportler, dem beziehungsweise der *Taekwondoin*, zahlreiche positive körperliche und charakterliche Effekte, die es im Folgenden zu veranschaulichen gilt.

Der Begründer des modernen Taekwondo, der koreanische General Choi, Hong-Hi, formulierte hierzu den sogenannten Eid des Taekwondo, dem jeder Taekwondoin verpflichtet ist:

„Ich verpflichte mich, die Grundsätze des Taekwondo einzuhalten.

Ich verpflichte mich, meinen Trainer und alle Höhergestellten zu achten.

Ich verpflichte mich, Taekwondo nie zu missbrauchen.

Ich verpflichte mich, mich für Freiheit und Gerechtigkeit einzusetzen.

Ich verpflichte mich, bei der Schaffung einer friedlichen Welt mitzuarbeiten."

Schon dieser Eid verdeutlicht, dass der Anspruch des Taekwondo weit über den sportlichen und verteidigungstechnischen Aspekt hinausgeht. Die wesentlichen Grundsätze beziehungsweise Prinzipien des Taekwondo, nämlich Höflichkeit, Unbezwingbarkeit, Durchhaltevermögen, Selbstdisziplin und Integrität können ein Instrumentarium darstellen, welches in die Persönlichkeit übernommen wird und in allen Lebenslagen eine große Hilfe darstellen kann.

Kapitel 3 – Historischer Hintergrund

Die Bedeutung des Taekwondo ist für sein Heimatland Korea nicht hoch genug einzuschätzen. Historisch gesehen spielte die Kampfkunst in Korea selbst eine prägende Rolle bezüglich der Herausbildung eines gemeinschaftlichen nationalen Bewusstseins, ebenso wie zur Darstellung dieser Identifikation nach außen hin. Dies muss vor allem für die Zeit der frühen 1970er Jahre und auch im Zusammenhang mit der national geförderten Eröffnung des Kukkiwon (sozusagen das Welt-Hauptquartier des Taekwondo, Standort der Welt-Taekwondo-Akademie und die offizielle Taekwondo-Regierungsorganisation Südkoreas) 1972 gelten. In dieser Zeit diente das Taekwondo hier als pädagogisches Instrument zugunsten einer militärisch geprägten, autoritär auftretenden Regierung. So musste annähernd jeder junge Mann mit Taekwondo in Berührung kommen, indem ihm durch seine konkrete Einbeziehung in die militärische Grundausbildung ein wesentlich höherer Stellenwert beigemessen wurde als dies bei einer reinen Freizeitbeschäftigung der Fall gewesen wäre. Dies fand schließlich mit dem Zugriff auf jüngere Teile der Bevölkerung Ergänzung, indem es Einzug in die Lehrpläne der Grund- und Mittelschulen hielt. Somit konnte sich Taekwondo als ein wichtiges Mittel und Instrument zur Begründung eines gesellschaftlichen nationalen Bewusstseins etablieren und sollte darüber hinaus die politische Führung des Landes nach außen hin in ein positives Licht rücken. Sogenannte Demonstrations-Teams wurden in verschiedene Länder weltweit entsandt, um das Image Koreas mittels ihrer eindrucksvollen Vorführungen zu verbessern. Dies wurde in den westlichen Indust-

rieländern durch die Neigung zu einem stark mystifizieren-
den Verständnis von Kampfkünsten noch verstärkt. Filme
aus Fernost in den frühen 1970er Jahren und dann schließlich auch aus Hollywood pflegten gerade dieses Bild und
sprachen ihren Helden immer wieder scheinbar über-
menschliche Fähigkeiten zu. Auch diese bei den Zuschauern
sehr beliebten Entwicklungen in der Filmindustrie verhalfen
dem Taekwondo zu einer großen Popularität, zunächst in
den USA und dann etwas verzögert auch in Europa. Dass
dies auch zu einer immer stärker werdenden Kommerziali-
sierung führte, welche sicherlich sehr kritisch zu hinterfra-
gen ist, erscheint folgerichtig.

Somit entwickelte sich Taekwondo im wahrsten Sinne des
Wortes auch zu einer Art Exportschlager und machte Korea
seit den 60er Jahren des vorigen Jahrhunderts in der ganzen
Welt bekannt, indem man gezielt Trainer in die Welt
schickte. So wurde beispielsweise Kwon, Jae-Hwa, 1965 als
Cheftrainer für Europa und Deutschland eingesetzt, der
dann den Grundstein für das Taekwondo in diesem Bereich
legte. Schließlich dauerte es bis zur Gründung der DTU einige Jahre, bis 1981.

Wurde Taekwondo in Korea zumindest subjektiv schon
lange als Nationalsport empfunden, so wurde es tatsächlich
am 30. März 2018 als solcher per Gesetz durch die koreanische General Assembly, die Nationalversammlung der Re-
publik Korea, bestimmt und in der Verfassung verankert.

Zu diesem Zeitpunkt blickte das Taekwondo aber schon auf
eine lange Geschichte und Entwicklung zurück. So lassen
sich die Anfänge des Taekwondo bis in die Koguryu-Dynas-
tie zurückverfolgen, die im Jahr 37 vor Christus im Norden

Koreas gegründet wurde. Es handelte sich hierbei um eine kriegerische Nation, von angriffslustigen Königen regiert, die eine expansive Politik verfolgten, viele Gebiete bis in den Süden eroberten und auch die seinerzeit dort ansässigen Chinesen endgültig vertrieben. Vor diesem Hintergrund entstand eine einfache Form des Taekkyon, ein alter Name für Taekwondo. Als Beleg finden sich in Königsgräbern dieser Dynastie immer wieder Motive des Taekwondo. Ein aussagekräftiges Beispiel findet sich in Kyonju, der alten Hauptstadt des zeitlich parallel bestehenden Königreiches Silla. Hier befinden sich zwei buddhistische Steinskulpturen, die einen Schrein bewachen. Sie stellen eine noch heute gebräuchliche Abwehrhaltung, den Kumgang-Makki, dar.

In den folgenden Jahrhunderten war es vor allem die räumliche Nähe zu den Nachbarn Japan und China, die einerseits zu einem regen kulturellen und wirtschaftlichen Austausch, andererseits aber auch zu kriegerischen Auseinandersetzungen führte, da diese Nähe immer wieder die Ursache für territoriale Begehrlichkeiten und Auseinandersetzungen war. Letzteres muss vor allem für die Beziehung Koreas zu Japan gelten, wobei natürlich in besonderem Maße die letzte kriegerische Auseinandersetzung, die Phase der japanischen Besatzung zwischen 1910 und dem Ende des 2. Weltkrieges, tiefe Spuren hinterlassen hat.

In diesem historischen Kontext entwickelte sich das Taekwondo stets weiter und wurde zu einem effektiven Selbstverteidigungssystem. Mit dem Ende der japanischen Besatzung besann man sich in Korea wieder verstärkt auf das eigene Kulturgut. In diesem Zusammenhang kam schließlich 1954 ein Gremium aus Kampfkunstmeistern, Politikern und Historikern zusammen, um verschiedene

Kampfstile unter dem Namen Taekwondo zu vereinen. Als Oberhaupt dessen wurde General Choi, Hong-Hi, ernannt, der folglich heute als der Vater des Taekwondo, wie es heute derzeit wird, gilt. 1973 wurde die World Taekwondo Federation (WT) als Dachverband aller Taekwondo Betreibenden gegründet. In der Folgezeit wurde Taekwondo einer immer größer werdenden Personengruppe bekannt. Hierzu haben sicherlich diverse von der WT ins Leben gerufene Großveranstaltungen beigetragen. In diesem Zusammenhang ist gewiss die erste Weltmeisterschaft 1973 in Seoul, Südkorea, oder die erste Asien-Meisterschaft, 1974, ebenda zu nennen. Die erste Europameisterschaft fand 1976 in Barcelona, Spanien, statt. Ein weiterer wichtiger Schritt für die Öffentlichkeitswirksamkeit war die Anerkennung durch das Internationale Olympische Komitee 1980. Dies war Grundvoraussetzung dafür, dass Taekwondo acht Jahre später bei den Olympischen Spielen in Seoul sowie darauffolgend in Barcelona olympische Vorführdisziplin wurde. Bei den 27. Olympischen Spielen im Jahr 2000 in Sydney, Australien, wurde es endgültig in den olympischen Disziplin-Kanon aufgenommen.

Heute betreiben alleine in Deutschland knapp 60.000 Aktive Taekwondo und das in über 800 Vereinen. Eine zuverlässige Angabe zu Aktiven weltweit ist schwierig, Schätzungen belaufen sich in einem Rahmen zwischen 20 bis 100 Millionen.

Kapitel 4 – Die Essenz - das *Do*

Heute ist das Taekwondo in zwei große Weltverbände ge-spalten. Während die WT die in westlichen Ländern vor-herrschende Organisation ist, die primär sportliche Ziele verfolgt, was sich nicht zuletzt in ihrer Aufnahme in das olympische Programm ausdrückt, hält die International Taekwondo Federation (ITF) eher an traditionellen Werten fest und verfolgt somit mehr den Weg der Kampfkunst. Hier spielt folglich der sportliche Wettkampf eine eher unterge-ordnete Rolle, die traditionellen und spirituellen Werte tre-ten vergleichsweise in den Vordergrund. Hierbei muss die Frage erlaubt sein, ob es für das Taekwondo eher Fluch oder Segen war, in das olympische Programm aufgenommen worden zu sein. Schließlich führte dies zu einer weiteren Aufwertung des sportlichen Wettkampfes und hatte auch zur Konsequenz, dass schon Jugendliche und Kinder auf Leistung und unter immer professionelleren Strukturen im Bereich Kampf trainiert werden. Beide Disziplinen, also der Wettkampf auf der einen und die Formen als Ausdruck der ihr jeweils innewohnenden Philosophie auf der anderen Seite, parallel und gleichwertig zu lehren und zu leben ist in vielen, insbesondere kleineren Vereinen allein schon auf-grund von Sachzwängen nur schwer möglich.

Viele Vereine und Taekwondo-Schulen, insbesondere der WT, konzentrieren sich auf den olympischen Wettkampf, um ihre Schüler auf nationale und internationale Turniere vorzubereiten bis hin zu Europa- und Weltmeisterschaften beziehungsweise zur Olympiade. Dies widerspricht jedoch dem traditionellen Taekwondo, welches den Freikampf in seiner ursprünglichen Form ohne Körperkontakt ausführt.

Der olympische Wettkampfsport kann aus dieser Perspektive grundlegend als sportliche Modernisierung gewertet werden. Dementsprechend sollte eigentlich der Trainingsfokus auf der Entwicklung des Selbst und nicht dem Gewinnen eines Wettkampfes liegen. Denn dies macht den eigentlichen Wert des traditionellen Taekwondo vor allem aus, dass es eben kein reiner Kampfsport sein möchte, vielmehr hat es den Anspruch, als eine Kampfkunst und Lebensweise verstanden und gelebt zu werden. Taekwondo ist ein Lebensstil, wobei die Reflexion des Do die Lebensweise des Praktizierenden widerspiegeln sollte. Dies gilt es im Folgenden noch weiter auszuführen.

Die Erlangung des Verständnisses für das Do ist auch die wesentlich schwierigere Aufgabe als die Herausforderung ein erfolgreicher Wettkämpfer zu sein. Ist es noch vergleichsweise einfach, die Muskelkraft aufzubauen, die Dehnfähigkeit und Reaktionsschnelligkeit zu steigern, die Ausführung der Techniken und wettkampftaktisches Verständnis zu verbessern, das Do zu verstehen und zu verinnerlichen ist diesbezüglich gar nicht notwendig. Das Verständnis hierfür zu erlangen, ist überdies ungleich schwieriger. Das tatsächliche Verständnis sowie das Leben der traditionellen Tugenden, für die das Taekwondo eigentlich steht und stehen will, ist eine lebenslange Anstrengung und Herausforderung und erfordert eine ständige Verfeinerung in seiner praktischen Anwendung.

Viele Vereine und Schulen müssen vor diesem Hintergrund den Spagat zwischen dem deutlich technikbasierten Training, das weniger Wert auf Sparring und Freikampfübungen legt, und dem Vermitteln des traditionellen, wertebasierten Taekwondo schaffen. Dies geschieht häufig durch separiertes Training im Hinblick auf das Wettkampftraining oder den sogenannten Breitensport. Ein ausbalanciertes Training erscheint oftmals nur schwer realisierbar. Je kleiner ein Verein, desto schwerwiegender stellen sich die zahlreichen Probleme dar. Grundvoraussetzung sind vor allem eine entsprechende „man-power", sprich also die Verfügbarkeit von Trainern und Co-Trainern für beide Bereiche des Sports, als Techniktraining und Wettkampftraining. Aber auch die Verfügbarkeit von entsprechenden Hallenzeiten ist oftmals in den Städten und Kommunen schon ein gravierendes Problem, das zumeist nur schwer von den Vereinen allein gelöst werden kann, sondern nurmehr in enger Kooperation mit der jeweiligen Stadtverwaltung. Die wenigsten Vereine verfügen nun mal über eigene Trainingsräumlichkeiten, die sie eigenständig und ohne Konkurrenz verwalten und nutzen können. Dieser von den Vereinen zu realisierende Spagat hat in einzelnen Vereinen dazu geführt, die Wettkampfabteilung zu schließen. Talentierte Wettkämpfer müssen sich andere Vereine suchen oder, wenn andere Vereine schlichtweg nicht verfügbar sind, eine andere Sportart wählen.

Es ist natürlich sehr bedauerlich, wenn der Vereinssport an den zuletzt genannten Problemen und Schwierigkeiten zu scheitern droht. Nichtsdestotrotz soll im Folgenden der Schwerpunkt auf die Darstellung des Mehrwertes des traditionellen Taekwondo gelegt werden. Dies begründet inhaltlich eine Rückbesinnung auf eben diese traditionellen Werte und fordert eine Reformierung vorhandener Strukturen, die wiederum den Vereinen zugutekäme.

Es erfordert harte, jahrelange Arbeit und Einsatz, die man benötigt, um weiterzukommen beziehungsweise die nächsthöhere Graduierung zu erlangen. Dies geschieht auf körperlicher und geistiger Ebene, setzt somit körperliche wie geistige Ausdauer sowie ein hohes Maß an Geduld und Eigenmotivation voraus, um die erforderlichen Techniken zu perfektionieren. Es darf jedoch nicht vorrangig darum gehen, den nächsten Kupgrad zu erreichen, sondern darum, das Taekwondo besser zu beherrschen und somit vor allem besser in seinem Selbst zu werden. Jeder Gürtelgrad sollte Gradmesser für den Einsatz und die Hingabe des Schülers zum Taekwondo sein, und eben nicht bloßes Mittel zum Zweck, um die nächsthöhere Gürtelfarbe zu erreichen und somit auch etwaige Turniere bestreiten zu dürfen. Metaphorisch ausgedrückt kann auf einem brüchigen Fundament kein stabiles Gebäude entstehen. Entscheidend ist demzufolge nicht das Ziel, vielmehr der Weg, den man zur Erlangung des Zieles zu beschreiten hat. Somit sollte auch bei einem Wettkampf nicht das Erreichen von Punkten, Treffern und Siegen das Ausschlaggebende sein, sondern der Weg selbst. In diesem Punkt widerspricht der Wettkampf eindeutig dem ureigenen Geist des Taekwondo!

Auf die Spitze getrieben, ist ein hoch graduierter, herausragender Wettkämpfer und potenzieller Turniersieger noch lange kein Meister, da sein Geist gegebenenfalls noch unreif im Sinne des Do ist. Es fehlt ihm potenziell das Training und damit die eigene Erfahrung der hundert- und tausendfach erprobten Wiederholungen, die ja zum Ziel haben, Körper, Geist und Seele in Einklang zu bringen, das Selbst des Sportlers zu vervollkommnen. Dass dies aber in der möglichst kurzfristigen, auf die entsprechende Graduierung des talentierten Wettkämpfers ausgelegte Trainingsarbeit und somit in der relativen Kürze des Trainings im logischen Schluss für den Sportler deutlich zu kurz kommen muss, folglich also schlichtweg unmöglich ist, bleibt unbestritten.

Die Voraussetzung für das Verständnis des Konzeptes der Philosophie und Pädagogik des Taekwondo muss die Praxis, sinngemäß also der Trainingsalltag sein. Dies benötigt folglich die jahrelange Wiederholung und endet auch nicht mit der Erlangung des ersten Dan. Selbst wenn dem Sportler mit dieser Graduierung nunmehr alle Turniere offenstehen und somit (zumindest scheinbar) das zu erreichende Ziel erlangt scheint, sollte der Weg des Taekwondoin hier erneut beginnen. So ist Taekwondo vielmehr als Lebensweg zu verstehen, der in der fortgesetzten Wiederholung und Ergänzung nach Perfektion strebt, wenngleich diese realistisch gesehen ohnehin nicht zu erreichen ist. Dies widerspricht folglich dem möglichst schnellen Erreichen der Dan-Würde mit der Zielsetzung, auf entsprechenden Turnieren antreten zu dürfen, vollends. Es darf schlichtweg nicht um die Erlangung der nächsten Gürtelfarbe gehen, sondern die persönliche Entwicklung des Schülers muss im Mittelpunkt stehen, die sich schlussendlich in seinem Verständnis des Do manifestiert.

Das (sportliche, rein technische) Können macht noch keinen Meister aus. Herausragende körperliche Leistungen und/oder das Talent des Schülers können charakterliche Schwächen überdecken. Mindestens so wichtig wie diese Aspekte müssen aber sein Verständnis und sein Ausleben des Do sein, also die Art und Weise, wie er dieses und somit das

Taekwondo lebt. Erst in deren Verwirklichung wird aus einer Art kunstfertigen Anwendung eine wahre Kunst. So gilt es, die Tugenden des Taekwondo in seinen Alltag zu übernehmen und zu leben, und dies in allen Aspekten des modernen Lebens.

Im Folgenden gilt es nun, exemplarisch und ohne Anspruch auf Vollständigkeit, konkrete Aspekte, die das traditionelle Taekwondo so wertvoll machen, zu veranschaulichen. Hierzu sollen das *Mushin* sowie die Grundprinzipien des Taekwondo aufgegriffen werden und entsprechend Pate für das Verständnis des Do stehen.

Kapitel 4.1 – Mushin

Wenden wir uns zunächst dem Begriff „Mushin" zu. Dieser meint in der fernöstlichen Philosophie den mentalen Zustand, den der Kämpfer durch die Ausführung und Ausübung seiner Kampfkunst zu erreichen sucht. Es soll ein Zustand beschrieben werden, in dem der Geist an keinem Gefühl oder Gedanken haftet. Dies wird etwa in dem etwas längeren Zen-Ausspruch „mushin no shin", übersetzbar etwa mit „der Geist ohne Geist", deutlich.

Die Idee des Mushin ist, dass ein Geist, der frei, unabhängig und ohne weitere Absicht ist, in der Lage ist, sich allem zu öffnen. Diesen Geisteszustand versucht der Kampfkünstler nun durch sein Training zu erreichen und durch stete Wiederholung schließlich zu internalisieren, sodass dieser ein fester Bestandteil seines Selbst wird. Auf diesem Wege soll Mushin nicht nur der Geisteszustand des Trainings sein, sondern grundsätzliche Geisteshaltung, mittels derer er das ganze Leben meistern wird. Wenn der Geist mit Emotionen und Gedanken beschäftigt ist, kann keine spontane Bewegung stattfinden. Der Geist soll gleichzeitig ruhig und in Bewegung sein. Dieses Konzept des Mushin, welches ursprünglich für das Schlachtfeld entwickelt wurde, erlaubt dem Krieger, spontane Bewegungen auszuführen und auf Angriffe des Gegners zu reagieren, ohne darüber nachdenken zu müssen. Dieses Konzept ist auch wesentlicher Bestandteil des Taekwondo wie ebenso anderer Kampfkünste.

Dieses Konzept findet seine Umsetzung im Taekwondo etwa im Formenlauf. Dieser fordert vom Taekwondoin die volle Konzentration auf eine einzelne Aktion, um sich geistig wie körperlich in der Bewegung zu verlieren. Ziel hierbei ist also ein Zustand der Bewegung ohne bewusste Absicht oder Überlegung. Bewegung passiert einfach, ohne dass sie vorher geplant wurde. Anders formuliert, wenn der Geist zur gleichen Zeit überall und nirgends ist, ist Mushin erreicht. Wenn der Taekwondoin seine Form beherrscht, dann führt er die Bewegungen ohne nachzudenken aus. Man könnte sagen, die Bewegung bewegt quasi den Schüler und nicht umgekehrt. Und dies muss als eine Voraussetzung für Mushin angesehen werden.

Seinen praktischen Nutzen erzielt dieses Konzept, wenn man bedenkt, dass dieser Geisteszustand den Alltagsstress lindern und somit zu einem Gefühl innerer Freiheit und inneren Friedens führen kann. Im Idealfall ist dieser Zustand permanent erreicht und kann veritabel das Alltagsgeschehen erleichtern. Mushin gewährt eine Pause von den ständig auf den Menschen einprasselnden Ablenkungen im Leben, ermöglicht eine Rückbesinnung, eine Rückkehr zu sich selbst. Dass dieser Idealzustand beziehungsweise auch nur eine gewisse Annäherung an diesen ausschließlich durch zigfache Wiederholung einer Form möglich ist, erscheint folgerichtig. Der Nutzen für den Menschen folglich ebenso.

Ähnliches finden wir auch in den weiteren Disziplinen des Taekwondo-Zyklus:

Sicher ist der Freikampf auch Bestandteil des traditionellen Taekwondo, jedoch liegt seine Sinnhaftigkeit eben nicht darin, eine andere Person aus eigennützigen Motiven heraus zu besiegen. Die geistige Auseinandersetzung mit dem Ziel des Gewinnens führt ihn vom Mushin weg. Wird der Zustand des Mushin erreicht, erscheint das Konzept von Gewinn oder Verlust in sich absurd. Vielmehr ist er einfach und sein Körper reagiert. Der Zweck der Stärke ist lediglich, Leben zu erhalten und zu fördern. Auch dies zeigt eindeutig den Widerspruch zwischen dem olympischen Wettkampfsport und dem traditionellen Taekwondo.

Der Weg des Taekwondo soll zu einer höheren Bewusstseinsstufe führen, deren höchste Stufe die sogenannte „geistige Leere" sein soll, die Abstraktion von jedem weltlichen Ehrgeiz und Gewinnstreben. Es ist dieses Nicht-Verlangen, eine Art Erleuchtungsebene mit grenzenloser Geduld und Selbstlosigkeit als höchstes Ziel eines jeden Taekwondoin. Die Schulung der Eigenschaften, die den Weg dorthin ebnen und zu höheren Bewusstseinssphären führen, können nur durch kontinuierliches Training und stetes Wiederholen erlangt werden. Alle Lebenssituationen selbstkritisch und selbstbewusst zu meistern, soll schließlich Lohn der körperlichen wie geistigen Verfeinerung sein.

Das Do beschreibt somit einen Idealzustand im Menschsein. Dies erreicht der Mensch, ganz im daoistischen Sinne, in

Harmonie mit sich selbst und der Umwelt, in der Einheit des Selbst mit dem Kosmos. Diesen Idealzustand zu erreichen, bedeutete im buddhistischen Sinne die Erleuchtung mit der Abstinenz vom weltlichen Streben. Und schließlich im konfuzianischen Sinne ist dies die verinnerlichte Moral, praktiziert aus dem Selbst heraus, ohne jede Form des Gewinnstrebens. Daoismus und Buddhismus führen insbesondere durch Meditation und Gebet, Konfuzianismus über das Ritual beziehungsweise rituelles Verhalten zum formulierten Ziel. Das Do des Taekwondo vereinigt somit in gewisser Weise diese drei Richtungen in sich und eben das macht seinen ureigenen und besonderen Wert aus.

Um dies zu ermöglichen, bedient sich das Taekwondo seiner Einzeldisziplinen. So auch des Freikampfes, der rein sportlichen Regeln folgt sowie zeitlich reglementiert und begrenzt ist. Dieser verlangt vom Kämpfer natürlich wichtige Eigenschaften wie Schnelligkeit, Ausdauer, Reaktionsvermögen, Antizipation und weitere. Er ist auf eine spontane und an die jeweilige Situation angepasste Aktion oder Reaktion angewiesen, womit auch der Freikampf als gute Schule für Selbstvertrauen /-bewusstsein und zur Stärkung des Durchsetzungswillens zu verstehen ist. Der Kämpfer lernt, ganz im Sinne von Choi Hong Hi, situationsbedingt Wettkampfmoment und Gegenüber einzuschätzen und erfährt auch, dass jede eigene Aktion eine Reaktion nach sich zieht und entsprechende Konsequenzen hat. Sogar das Grußritual zu Beginn und nach dem Ende des Kampfes hat eine tiefere pädagogische Funktion. Der Kämpfer lernt Respekt vor dem Kontrahenten, Akzeptanz im Falle einer Niederlage oder auch Demut im Falle des Sieges. Dies lässt sich sicherlich auch zur Grundlage für das alltägliche Miteinander, für den sozialen Umgang mit den Mitmenschen und auch zur Basis für schulischen und/oder beruflichen Erfolg machen und hat somit absolute Berechtigung im Taekwondo. Darüber hinaus ist das Erleben einer solchen konkreten Gefahrensituation im Rahmen des Wettkampfes ja durchaus Bestandteil einer entsprechenden Persönlichkeitsentwicklung, wie sie das Do anstrebt. Dies geschieht im Rahmen des sportlichen Wettkampfes unter geschützten Umständen, was natürlich zu begrüßen ist. So können etwa die Schutzkleidung, der nach eigenem Ermessen eingreifende Kampfrichter oder auch der Trainer des Athleten, der im Notfall den Kampf abbrechen lassen kann, als Schutzmechanismen gelten und fungieren. Demzufolge wird in diesem sportlichen Rahmen die Gefahrensituation für den Einzelnen erlebbar und kann entsprechend persönlichkeitsbildend wirken. Und dieses eben innerhalb eines geschützten Raumes, sprich ohne die abseits des Sports denkbaren ernsten Folgen eines gewalttätigen Konfliktes, von den logischerweise möglichen Verletzungen in einem sportlichen Wettkampf abgesehen. Dies widerspricht auch nicht der zuvor formulierten generellen Kritik am olympischen Wettkampf, da die zugrunde liegende Intention der Ausübung unberührt bleibt. Das primäre Ziel bliebe ja schließlich nach wie vor die Persönlichkeitsentwicklung und eben nicht das schiere Gewinnen des Zweikampfes beziehungsweise der gegenständliche Triumpf im Turnier, der dem Do zuwiderläuft (vgl. auch Kapitel 4.3).

Die Bedeutung des ritualisierten Schrittkampfes liegt in der Schulung der Reaktionsfähigkeit, der Präzision in der Ausführung von Technik und Grundstellung sowie der Ab-

standskontrolle. Und tatsächlich ist dies eine ebenso hervor-
ragende Schulung für Körper und Geist, entsprechend auch
eine geeignete Vorbereitung auf den Freikampf, wie auch
auf eine eventuelle Notsituation außerhalb des Dojang.

Im Hosinsul, in der Selbstverteidigung, wiederum erfolgen
die Angriffe ohne Vorankündigung, vielmehr spontan, wie
die erforderliche Abwehrreaktion selbst auch, die möglichst
situationsadäquat ausfallen sollte. Hierbei lebt das
Taekwondo dann seinen grundlegend defensiven Charakter, seine ursprüngliche und traditionelle Konzeption als
waffenlose Selbstverteidigung.

Entsprechend geht es etwa bei dem Bruchtest, dem Kyokpa,
nicht nur um das reine Zerschlagen oder Zertreten des jeweiligen Materials, wohl aber um das Testen des Weges, um
die korrekte Technik und ihre präzise Ausführung, welche
entsprechende Vorbereitung und Training sowie ein
Höchstmaß an Konzentrationsfähigkeit erfordern.

Ähnliches muss auch für die Formen gelten, sei es Hyongs,
Taeguk oder Poomsae. Sie alle besitzen eine deutliche metaphysische Dimension. In ihnen wohnt eine jeweils eigene
Philosophie, ihren Ausdruck erhält dies auch in ihrer Symbolik. Dieser eigene Geist der Formen ist ein wesentliches,
hochphilosophisches Element des Taekwondo. Letzteres
wird jedoch erst dann erreicht, wenn die Symbolik der Form
in ihrer Ausführung deutlich wird. Hierzu bedarf es jedoch
verständlicher- und logischerweise hundert- und tausendfa-
cher Übung, sicherer Grundtechniken und Grundstellun-
gen. Entscheidend ist hierbei auch, dass das Erlernen dieser
Techniken über die eigene Erfahrung ablaufen muss, ge-

paart mit der Supervision des Lehrers. Denn nur die hundertfache Praxis lässt die Einzeltechniken zu einer Einheit verschmelzen. Und schließlich erst dann kann der tatsächliche Geist einer Form zutage treten. Dann läuft der Körper selbstständig im Diagramm und somit schlussendlich in der Symbolik der jeweiligen Form. Eine richtige Form ist im wahrsten Sinne eine meditative Übung, die ohne ein bestimmtes Ziel und für sich selbst und auch alleine ausgeführt werden kann. Erst dann wird das Taekwondo zur Kunst und auch erst dann hat der Taekwondoin einen wahren persönlichen Gewinn.

Kapitel 4.2 – Die Grundprinzipien des Taekwondo

Die fünf Grundsätze oder Grundprinzipien des Taekwondo, also Höflichkeit, Unbezwingbarkeit, Selbstdisziplin, Durchhaltevermögen und Integrität, stehen hierbei für das moralische und ethische Fundament des Taekwondo. Sie stehen einzeln für sich, sind aber gleichermaßen miteinander verwoben und teils abhängig voneinander. Folgerichtig steht das Do für die Repräsentation und Manifestation aller physischen Aspekte des Taekwondo.

Betrachten wir zunächst, ohne eine wertende Gewichtung vornehmen zu wollen, das Prinzip der Höflichkeit (Ye Ui). Diese muss als Grundvoraussetzung für das Taekwondo-Training gelten. Diese Grundhaltung spielt eine ganz zentrale Rolle in ostasiatischen Kulturen und hat viele Facetten, bedeutet also viel mehr als nur entsprechende Umgangsformen gegenüber den Mitmenschen. In diesen Kulturen beinhaltet Höflichkeit auch Aspekte wie Demut, Bescheidenheit, aber auch Selbstreflexion. Damit bezieht sich dieses Verständnis von Höflichkeit nicht nur auf das Sozialverhalten, sondern beinhaltet auch und explizit die eigene Lebensweise. Somit wird deutlich, dass dieses Grundprinzip des Taekwondo auch weit über den Bereich des Dojang hinausgeht. Es verlangt vom Taekwondoin Respekt vor der Familie, den Vorfahren, dem Heimatland, aber generell und darüber hinaus vor allen belebten und unbelebten Dingen. Hierzu sind ein offenes Herz und ein neugieriger Geist vonnöten, um sich neuen Erfahrungen und anderen Perspektiven öffnen zu können. Übertragen auf den Menschen bedeutet das, dass ich mein Gegenüber erst ausschließlich als Mensch betrachte und ihn nicht aufgrund seiner Hautfarbe, seines Geschlechts, seiner Nationalität oder Religionszugehörigkeit beurteile, sondern als das, was er ist, als Mensch.

Dementsprechend sind auch im Do alle Menschen gleich! Der einzige Unterschied manifestiert sich im erreichten Rang im Taekwondo, den der jeweilige Taekwondoin erreicht hat, den aber auch jeder andere Taekwondoin durch Fleiß und Übung erreichen kann. Demzufolge verdient auch jeder Einzelne das gleiche Maß an Respekt, egal welche Graduierung bis zu einem gewissen Zeitpunkt erreicht wurde. Mit erhöhter Graduierung kommt auf den Fortgeschrittenen eine immer höhere Verantwortung zu, da von ihm eine entsprechende Vorbildfunktion zu erwarten ist. Der Fortgeschrittene muss in dieser Situation alle Demut aufbringen und die Höflichkeit bestmöglich vorleben und verkörpern. In diesem Moment erfüllt er gleichermaßen das Prinzip der Höflichkeit auch auf die eigene Person durch den Respekt vor sich selbst.

Die Unbezwingbarkeit oder der unbesiegbare Wille (Baekjul Boolgool) wächst im Training als geistige und spirituelle Kraft. Der Trainierende lernt, nicht aufzugeben, er lernt, einen jeweiligen Weg zu finden, lernt, Negatives in Positives zu wandeln. Dieser Wille zeigt sich dann im jeweiligen Grad der Leidenschaft, des Mutes und der Widerstandskraft des Taekwondoin und manifestiert sich als eine Art innere Kraft. Ohne diese gäbe es keine Motivation zu Ausdauer und Entwicklung. Rückschläge, Misserfolge, aber etwa auch Verletzungen können akzeptiert und schließlich weiter an ihnen gearbeitet werden. Diese Leidenschaft ist die eigentliche Überzeugung, sie ist ein Lebensstil, damit Hingabe zu einer Lebensweise und folglich zu sich selbst.

Hier lässt sich das Do wieder eindrucksvoll auf das alltägliche Leben übertragen. Denn man kann viele schwierige Situationen im Leben meistern, wenn man sie mit der oben beschriebenen Leidenschaft, mit Mut und Widerstandsfähigkeit angeht. Der unbeugsame Wille, sein Ziel zu erreichen, egal wie lange es dauert, egal wie schwierig es erscheint, ist eine Grundvoraussetzung für das Meistern alltäglicher Probleme und Hindernisse.

Die Selbstdisziplin oder Selbstkontrolle (Guk Ki) ist neben der Höflichkeit der vielleicht am deutlichsten erkennbare Grundsatz des Taekwondo. Mit Betreten des Dojang über jede einzelne Trainingssituation bis zum Verlassen des Dojang ist sie jederzeit vom Taekwondoin einzuhalten. Hierbei findet verständlicherweise auch eine Progression statt, insofern der Taekwondoin zunächst einmal lernen muss, den eigenen Körper zu kontrollieren, mit fortgeschrittenem Training dann aber auch verstärkt seinen eigenen Geist. Sinngemäß führt also körperliche zu geistiger Kontrolle und Disziplin. Auch hier bedarf es logischerweise lebenslanger Übung, um Emotionen, Bedürfnisse oder Hemmungen in den Griff zu bekommen und zu kontrollieren.

Die Bedeutung dieses Grundprinzips wird in allen Bereichen der sehr facettenreichen Kampfkunst deutlich. Sei es die präzise Ausführung einer Einzeltechnik, die Verbindung mehrerer komplexer Abläufe in einer zu laufenden Form, die Präzision und Abstandswahrung im Einschrittkampf, Freikampf oder in der Selbstverteidigung, schließlich auch beim Bruchtest, da hier ohne die entsprechende Selbstkontrolle und Selbstdisziplin die Verletzungsgefahr für den Trainingspartner beziehungsweise sich selbst sehr hoch wäre. Jede unkontrollierte Bewegung kann zu Verletzungen führen. So sollte der Taekwondoin auch stets bemüht sein, im Zustand des oben beschriebenen Mushin zu verbleiben.

Dieser absolut essenzielle Bestandteil des Taekwondo zeigt seine Bedeutung für diese Kampfkunst und wird im Idealfall aber auch auf das Leben außerhalb des Dojang übertragen. Selbstkontrolle und Selbstdisziplin bedeuten auch hier, die eigenen Gefühle und Emotionen so im Griff zu haben, um einen Zustand der geistigen Klarheit beizubehalten, aus diesem Zustand heraus zu sprechen und zu handeln. Das Taekwondo lehrt dieses Prinzip durch die stetige Ermahnung zur Präsenz in jedem Augenblick und in jeder einzelnen Bewegung.

Das Durchhaltevermögen beziehungsweise die Beharrlichkeit (In Nae) bedeuten auch Ausdauer, Durchsetzungsvermögen, Standhaftigkeit und/oder Durchhaltevermögen.

Auch dieser Aspekt kann in vielerlei Hinsicht im Taekwondo beobachtet werden. Betrachten wir exemplarisch den Bruchtest. Welch große Bedeutung der Beharrlichkeit zukommt, wird sehr schnell deutlich, wenn ein solcher Bruchtest einmal nicht funktioniert. Wenn dieser nämlich misslingt, benötigt der Taekwondoin ein Höchstmaß an Durchhaltevermögen, Mut und Standhaftigkeit, um es so lange weiter zu versuchen, bis der Bruchtest schließlich gelingt. Nur ein sehr starker Wille ist in der Lage, den schon vorhandenen und gegebenenfalls noch zu erwartenden Schmerz zu akzeptieren und zu ertragen.

Ein weiteres Beispiel hierfür wird durch die Menge an harter Arbeit und Einsatz verdeutlicht, die der Taekwondoin benötigt, um seine Fähigkeiten zu verbessern, um generell weiterzukommen und die nächsthöhere Graduierung zu erreichen. Es braucht ein hohes Maß an körperlicher wie auch geistiger Ausdauer, ein hohes Niveau an Geduld und Eigenmotivation, um beispielsweise Techniken und / oder Formenläufe für die nächste Gürtelprüfung zu optimieren. Hierbei sei erneut und ausdrücklich darauf hingewiesen, dass der Taekwondoin keineswegs nur dafür trainiert, den nächsthöheren Gürtel zu erreichen, sondern um besser in der Kampfkunst und somit, gemäß dem Do, besser in seinem Selbst zu werden. Die Gürtelfarbe spielt keine entscheidende Rolle, sondern gilt nur als Reflexion des bis dato erreichten Lernstandes. Jede Gürtelfarbe ist Gradmesser für die Hingabe und den Einsatz des Taekwondoin zu seiner Kampfkunst.

Die Integrität (Yom Chi) steht als weiterer Grundsatz des Taekwondo für Loyalität, Aufrichtigkeit und Ehrlichkeit, aber darüber hinaus auch für das Treffen der richtigen Entscheidungen und richtigen Handlungen. Richtige Entscheidungen und Handlungen sind im Taekwondo stets diejenigen, die mit der Philosophie der Kampfkunst übereinstimmen. Vereinfacht ausgedrückt meint dies, dass alle Worte und Taten im Einklang mit sich selbst und der entsprechenden Philosophie sein sollten. Dementsprechend sollte der Taekwondoin stets sich selbst und seinen Mitmenschen gegenüber aufrichtig sein.

Das Können allein macht noch keinen guten Taekwondoin aus, da etwa charakterliche Schwächen aufgrund seiner körperlichen Leistungsfähigkeit oder seines Talentes übersehen oder geschönt werden können. Vielmehr geht es um seine Einstellungen, sein Verständnis des Do, um das ehrliche Streben nach diesen Idealen. Ohne das Verständnis des Do, ohne das aufrichtige Streben nach ihm, ist Taekwondo nur eine kunstfertige Anwendung, aber niemals Kunst. Das Grundprinzip der Integrität bedeutet, die Prinzipien, die Philosophie des Taekwondo zu leben, und das in all seinen Facetten des Lebens, weit über die Grenzen des Dojang hinaus. Taucht der Taekwondoin in die Philosophie des Do völlig ein, wird er zur Manifestation der Kunst. Im Taekwondo wird die Stärke daher nicht rein körperlich definiert, sondern eindeutig an der Stärke des Charakters bemessen.

Wie oben beschrieben, stehen diese fünf Prinzipien des Taekwondo zwar einerseits für sich, andererseits überschneiden sie sich jedoch, bedingen sich gegenseitig und schaffen gemeinsam ein entsprechendes philosophisches Konstrukt. Versinnbildlicht wird dies oft durch die Symbolik des Bambus. Dieser spielt in vielen asiatischen Kulturen und Philosophien eine zentrale Rolle und steht symbolisch für Tugend, Bescheidenheit und / oder Widerstandskraft und somit eben auch für die Grundprinzipien des Taekwondo, weshalb einem Meister zur Eröffnung eines neuen Dojang oftmals eine Bambuspflanze überreicht wird.

Der Bambus repräsentiert Geradlinigkeit und geistige Kraft, da er aufrecht und in eine einzige Richtung emporwächst, dabei aber nicht steif bleibt, sondern im Wind wiegt, ohne abzubrechen. Diese Geradlinigkeit steht für Loyalität und Hingabe zu einem Weg und repräsentiert Höflichkeit und Integrität. Auch symbolisiert der Bambus ein bescheidenes, tugendhaftes Leben, da er weder Blüten noch Früchte trägt. Diese Form der „Zurückhaltung" spiegelt die Grundsätze der Höflichkeit und Selbstkontrolle. Darüber hinaus steht er für Standhaftigkeit, Durchhaltevermögen und unbesiegbaren Willen, da er jedem Sturme trotzt und zu allen Jahreszeiten Blätter trägt.

Die vielleicht wichtigste Symbolik findet sich im Inneren des Bambus. Da seine Rohre innen hohl sind, spiegelt sich hier der Aspekt der geistigen Lehre, die ja, wie beschrieben, ein immer wiederkehrendes Moment in asiatischen Kampfkünsten ist. Dies beschreibt kurz gefasst das Dogma der Loslösung von der sinnlichen Welt. In der buddhistischen Lehre wurzelt diese Überzeugung von einer Loslösung von der sinnlichen Welt, die nur eine Illusion sei, wonach das Festhalten an ihr, und damit alles, wonach der Mensch verlangt, nur Leid erzeuge. Dementsprechend ist es am Kampfkünstler, sich von seinen Begierden und weltlichem Verlangen zu lösen.

Das Taekwondo leistet hierbei eine starke Konzentration auf das Hier und Jetzt. Es fördert Respekt und Achtsamkeit gegenüber anderen Menschen und Dingen und hilft, Integrität, Selbstdisziplin, Höflichkeit, Durchhaltevermögen und Unbezwingbarkeit zu entwickeln. Diese Grundprinzipien des Taekwondo werden über die Jahre die Persönlichkeit des Taekwondoin positiv bereichern. Diese Progression der Persönlichkeitsentwicklung verläuft in gewisser Weise stufenartig. Der Anfänger wird zunächst zwangsläufig eigene Unsicherheiten überwinden müssen. Die besondere Herausforderung, die das Training mit (sehr weit) Fortgeschrittenen an ihn stellt, konfrontiert ihn zunächst mit eigenen Unzulänglichkeiten. So er diesem Problem widersteht und es durch Durchhaltevermögen und Selbstdisziplin überwindet, werden seine weiteren Erfahrungen im Training zunächst vor allem stark körperbezogen sein. Mit der Zeit wird er größere körperliche Geschicklichkeit, mehr Beweglichkeit und ähnliche positive Aspekte bemerken, die in der Übung für ihn positiv erfahrbar werden und sein Wohlbefinden positiv beeinflussen. Dieser positiven, primär körperlichen Entwicklung folgt auch auf kognitiver Ebene ein spürbar positiver Effekt, etwa mittels der durch das wiederholte Training erhöhten Konzentrations- und Reaktionsfähigkeit. Die weitere Intensivierung des Trainings lässt schließlich eine psychosoziale Auswirkung auf den Praktizierenden spürbar werden. Dies äußert sich im sukzessiven Abbau von Blockaden, die sich wiederum positiv und Schritt für Schritt auf ein gesteigertes Selbstvertrauen und eine allgemeine Sicherheit auswirken werden. Identifiziert sich der Taekwondoin in der Folgezeit immer weiter mit seinen Bewegungen und den der Kunst immanenten Mustern, wird die Kampfkunst schließlich auch zum Mittel der Selbstverwirklichung. Die Identifikation mit der Kunst wird zum Ausdruck unseres Selbst und hilft uns, unsere Identität zu erweitern, uns spirituell und im Hinblick auf Weisheit weiterzuentwickeln. Somit ist Taekwondo weit mehr als bloßer Sport, viel mehr als bloßes Wettkampf- und Fitnesstraining. Auf unterschiedlichsten Ebenen ist die Kampfkunst imstande, Erstaunliches für die Entwicklung und Entfaltung der Persönlichkeit eines Menschen zu leisten und wirksam im Sinne einer positiven Persönlichkeitsentwicklung zu werden.

Kapitel 4.3 – Abgrenzung vom olympischen Wettkampf

Im Laufe der Ausübung der Kampfkunst werden implizit und explizit grundlegende Prinzipien vermittelt, die den Horizont des Praktizierenden erweitern können und auch sollen. Auch wenn es dem Praktizierenden nicht bewusst ist, sondern primär in der richtigen und verantwortungsbewussten Vermittlung geschieht, gewinnt sein Dasein eine neue Dimension.

Die dem Taekwondo zugrunde liegende Philosophie, die keinerlei religiöse Ausrichtung in sich trägt, sucht nach der Loslösung von den Verlockungen der materiellen Welt. Und demzufolge ist auch das reine Gewinnen im Sinne des sportlichen Erfolges ein gutes Beispiel für das Verhaftetsein in der materiellen Welt. Das zunehmend professionalisierte olympische Taekwondo stellt (grundsätzlich erst mal nachvollziehbar) den Wettkampf in den Vordergrund, wobei das Besiegen des Kontrahenten den Zweck ausmacht und zum Ziel hat, Lob, Anerkennung, Trophäen und gegebenenfalls auch materiellen Gewinn zu ermöglichen. Dies steht allerdings diametral im Widerspruch zur traditionellen Philosophie des Taekwondo, die ja eben diese Befreiung des Menschen auf materieller Ebene erreichen will. Es gibt sicher zahlreiche gute Gründe, den rein sportlichen Erfolg anzustreben, sich auf Turnieren mit Kontrahenten zu messen, aber dies stimmt schlichtweg nicht mit der eigentlichen Absicht des Taekwondo überein, steht ihr vielmehr konträr gegenüber und widerspricht ihr sogar. Das Ziel des rein sportlichen Erfolges führt den Sportler immer weiter in die materielle Welt hinein und vom Weg des Do fort. Das Taekwondo trachtet jedoch und demgegenüber nach der Entwicklung und Verfeinerung des Selbst. In dem täglichen Training und der Loslösung vom materiellen Gewinnstreben manifestieren sich wesentliche Grundzüge fernöstlicher Philosophien. Sich selbst verbessern und vervollkommnen zu wollen, ist schon in sich Sinn genug.

Die kommerzialisierte Form des Taekwondo verdeckt den wahren Sinn und Wert des Taekwondo als Schule für Geist und Körper, als Schule für ein erfolgreiches Leben. Es lohnt sich daher die Frage nach dem Sinn und Unsinn dieser Regelungen.

Aus spiritueller Sicht verkümmert ein Schüler, wenn er einzig nach Stärke und Können strebt. Dieser Sportler bliebe auf einer Ebene stehen, die man wohl als „Fachmann" beschreiben könnte, in dem Glauben, ob der sportlichen Leistungsfähigkeit das Taekwondo verstanden, ja gar gemeistert zu haben. Hierbei mangelte es ihm jedoch eindeutig an dem Überschreiten der rein körperlichen Ebene und dem Erreichen der Meisterschaft in allen Aspekten des Seins.

Der eigentliche Wert, das Wesen des Taekwondo als das mentale Element, als Konzentration, Meditation und Etikette, geht leider vielfach verloren oder degradiert zur bloßen Randerscheinung, zum Bei- oder Schmuckwerk. Dies wird teilweise dramatisch sichtbar und offenbart sich plakativ, wenn oftmals charakterliche Schwäche und mangelnde Charakterschulung sich am Mattenrand eines Kampfes oder auf der Zuschauertribüne zeigen. Leider treten dort nicht selten unkollegiales, ja sogar unsportliches Verhalten zutage, nur um des sportlichen Erfolges willen.

Auch ist es dem Do folgend sinnvoll, einen Weg zu beschreiten, dessen Ziel werterfüllt ist, selbst wenn dieses Ziel nie erreicht werden kann. Taekwondo versteht sich als nie endender Weg, bei dem man es nie zur Perfektion bringen kann. Diesem Verständnis liegt auch der Leitsatz Generals Choi Hong Hi zugrunde:

„Der Endzweck des Taekwondo richtet sich darauf, den Kampf auszurotten. Das soll dadurch geschehen, dass die Unterdrückung des Schwächeren durch den Stärkeren eingeschränkt wird mit Hilfe einer Kraft, die auf Menschlichkeit, Gerechtigkeit, Moral, Weisheit und Glauben basiert und somit dazu beiträgt, eine bessere und friedlichere Welt zu schaffen."

Erfolgreiches Taekwondo darf im Sinne der Kampfkunst folglich nicht an Turniererfolgen abgelesen werden, sondern am Grad der Entwicklung des Do und dessen Verständnis, abzulesen an Selbstvertrauen und Stärke, mit der Entscheidungen getroffen werden, und dem Einsatz für Gerechtigkeit. Ohne dies bliebe der Mensch der Willkür anderer Menschen ausgesetzt und somit unfrei. Nach dem Do ist der

Mensch in der Lage, seine Ängste zu überwinden und sich somit selbst im Griff zu haben. Folglich ist er imstande, sein Leben besser zu meistern und Konflikten als Bestandteil des Lebens besser gewachsen zu sein. Auf den ersten Blick und für den Laien verständlich bereitet das Taekwondo den Körper und den Geist auf physische Auseinandersetzungen vor. Dies tut es auch von seinem philosophischen Ansatz her, aber bereitet es auf nichts weniger als die Bewältigung der menschlichen Existenz vor. Demzufolge darf Taekwondo niemals Kampfsport, sondern nur Kampfkunst sein. Taekwondo muss eine lebendige Kampfkunst sein und sich entsprechend entwickeln. Nichtsdestotrotz muss sich das traditionelle Taekwondo also in gewisser Hinsicht anpassen, darf aber auf gar keinen Fall seine Traditionen und seine Philosophie aus den Augen verlieren, seine Grundwerte beeinträchtigen und sie in einer materialistischen Welt (eventuell unbewusst) verleugnen.

Die vorangetriebene Versportlichung und stetige Professionalisierung des Taekwondo-Sport geht zulasten des ureigensten Wesens der Kampfkunst. Die Philosophie, wenn man so will der Lebensweg des Taekwondo, wird immer weiter in den Hintergrund gedrängt, wird immer weiter aus den Augen verloren. Die Kampfkunst gerät so immer weiter in Vergessenheit. Das sportliche Taekwondo folgt seinen eigens formulierten Regeln, die eine so große Vielzahl an traditionellen Techniken verbieten und somit zu einer starken Vereinfachung, ja Degradierung der Kampfkunst führen und logisch auch führen müssen. Eine Kampfkunst benötigt jedoch gerade diese Varianz, diese Vielfalt, um sich auf einen realen Gegner einzustellen. Während das sportliche Taekwondo unterschiedlichste Techniken wie Fußfeger,

Würfe, Haltegriffe oder Hebel gänzlich verbietet und sich der Sportler auf der Kampffläche sicher sein kann, dass er etwa nicht festgehalten oder geworfen wird, und falls doch das entsprechende Reglement greift, muss der Kampfkünstler genau diesen Facettenreichtum haben und beherrschen, um sich auf einen realen Gegner einstellen zu können. Hier wird dann auch der ureigene defensive Charakter des Taekwondo deutlich, der ihn zur Kampfkunst erhebt. Diesem steht der Wettkampf diametral gegenüber, der zum Ziel hat, offensiv möglichst viele Punkte zu holen. Hier geht es dann entsprechend rein um Quantität, nicht im Mindesten um Qualität. Dies wiederum reklamiert jedoch eine Kampfkunst explizit für sich, indem sie eben auch Eleganz, Präzision und Variationen der Techniken für sich beansprucht.

Taekwondo ist mittlerweile zweierlei, sowohl Wettkampfsport als auch Kampfkunst. Beide haben berechtigterweise ihren Stellenwert. Nur muss man sich dessen bewusst sein und dann für sich selbst entscheiden, welchen der beiden Wege man beschreiten möchte. Gilt mein vordergründiges Interesse dem sportlichen Wettkampf und suche ich in erster Linie eine rein sportliche Herausforderung, so sollte ich das olympische Taekwondo für mich wählen. Möchte ich von den philosophischen Aspekten erfahren und profitieren, wähle ich logischerweise die Kampfkunst.

Zudem sei ein weiterer Gedanken angeregt und sollte bedacht werden, der sich mit der Motivation des Einzelnen auseinandersetzt und betrachtet, weshalb ein Mensch sich heute dazu entscheidet, überhaupt mit dem Taekwondo zu beginnen.

Da sind es natürlich zu allererst die zahlreichen sogenannten Martial-Arts-Filme, die in ihrer erstaunlichen Choreographie den Zuschauer beeindrucken und viele davon träumen lässt, zu ähnlichen Fähigkeiten wie die der Protagonisten zu gelangen. Oftmals ist aber eine klare Unterscheidung einzelner Kampfstile und -richtungen für den Laien hierbei sehr schwierig, wenn nicht unmöglich, sodass ihm oftmals gar nicht klar ist, welchen Stil er gerade so sehr bewundert. Ob er oder sie dann überhaupt zum Taekwondo kommt, hängt nachkommend von diversen Faktoren wie etwa der Verfügbarkeit von entsprechenden Vereinen vor Ort, nicht zuletzt sogar dem Zufall ab.

Ohne jeden Zweifel können die sportlich hochkarätigen und spektakulären Wettkampfveranstaltungen des Taekwondo eine sehr zielgerichtete, gut funktionierende Werbung für das Taekwondo sein. Sie haben sicherlich schon viele, insbesondere junge Sportler für die koreanische Kampfkunst begeistern können. Die entsprechende Motivation für den Einzelnen wird es dann in erster Linie sein, eine ähnliche Fitness und sportliche Fähigkeit oder, und wahrscheinlich in höherem Maße noch, einen ähnlichen sportlichen Erfolg selbst zu erreichen und feiern zu dürfen. Der Reiz der wettkampfsportlichen Auseinandersetzung ist unbestritten und an sich ja auch alles andere als schlecht. Das Ziel oder die Motivation wäre dann also entsprechend, sich mit einem beziehungsweise im Verlaufe eines Turnieres mit mehreren Kontrahenten auseinanderzusetzen, schließlich irgendwann auch auf dem Siegerpodest zu stehen und Medaillen und Pokale entgegennehmen zu dürfen.

Denken wir aber an Menschen, deren sportliche Leistungsfähigkeit diesem auf den Wettkampf ausgerichteten Bilde nicht entspricht, so können die an die professionalisierten Wettkampfsportler gerichteten Ansprüche für diese fragliche Personengruppe eindeutig abschreckend wirken. Die Ansprüche und Fähigkeiten in puncto Schnelligkeit, Kondition, Koordination, Reaktionsfähigkeit, Körperkraft etc., die viele professionalisierte Wettkämpfer auszeichnet, wirken sicher beeindruckend und für die eigene Person wünschenswert, aber eben für eine Vielzahl der außenstehenden Personen unerreichbar und somit folglich abschreckend in dem Sinne, das Taekwondo selbst für sich zu entdecken.

Nehmen wir beispielsweise einen enddreißiger Familienvater mit zwei Kindern und einem zeitlich wie mental sehr einspannenden Beruf. Wie schade wäre es für die genannte Person, wenn sie ob der oben geschilderten Problematik den Weg ins Dojang nie antreten würde. Und dies ist nur repräsentativ gewählt für eine Vielzahl an hierfür infrage kommende Personengruppen. Dies muss potenziell alters- wie geschlechtsübergreifend verstanden werden, und dies insgesamt infolge einer Fehleinschätzung beziehungsweise Unkenntnis der Realitäten. Denn das traditionelle Taekwondo dient ja, wie beschrieben, eben nicht dem Wettkampf, sondern strebt ja nach der Arbeit an der eigenen Person und der Vervollkommnung des Selbst. Das meint sozusagen, ich messe mich mit mir selbst, lerne mich besser kennen, um so mein Selbst zu optimieren. Und dies ist in keinster Weise an Alter und / oder Geschlecht gebunden, sondern bietet wahrlich jedem Taekwondoin in jeder einzelnen Trainingseinheit die Möglichkeit, den nächsten Schritt des persönlichen Weges zu gehen. Mit vielen, vielen kleinen Schritten verbessert der sogenannte Breitensportler seine körperliche Fitness, seine Koordination, seine Beweglichkeit und schult damit und darüber hinaus in der Essenz die philosophischen und spirituellen Prinzipien des traditionellen Taekwondo. Dieses ist für jedes Alter und jedes Geschlecht zu jeder Zeit praktizierbar, denn es geht schließlich um die Arbeit an und mit sich selbst.

Die Kampfkunst Taekwondo ist von einer tief verwurzelten Philosophie beseelt, welche ihre Zusammenfassung in der Endsilbe Do erhält. Dieses reklamiert für sich, die Essenz der Kampfkunst zu sein. Ohne jenes Ideal oder Konzept würde das Taekwondo auf einen reinen physischen Schlagabtausch reduziert. Sein Herzstück jedoch ist seine organisch gelebte Philosophie und Spiritualität, die es als Erbe aus der traditionellen Kampfkunst weiterzuführen gilt, gegebenenfalls in modifizierter Form.

Auf der anderen Seite ist jedoch nicht von der Hand zu weisen, dass auch im professionalisierten Wettkampfsport die Grundprinzipien des Taekwondo einen gewissen Stellenwert innehaben. Wenn ein junger Sportler heutzutage wirklich auf allerhöchster internationaler Ebene erfolgreich sein möchte, so ist dies ohne annähernd tägliches Training überhaupt nicht realisierbar. Die Strukturen des olympischen Taekwondo sind in vielen Ländern auf höchstem Niveau professionalisiert und das Trainingspensum der Athleten ist extrem hoch. Dieses anzunehmen und über die Jahre durchzuhalten, verlangt von jedem Athleten ein Höchstmaß an Durchhaltevermögen, Selbstdisziplin und einen sehr starken („unbesiegbaren") Willen. Auch hier manifestieren sich also in gewisser Weise die beschriebenen Grundprinzipien des Taekwondo, wenn Sportler schon in jungen Jahren diese Prinzipien über viele Jahre leben und ihren sportlichen Alltag ganz auf die Ausübung ihres Sports ausrichten. Dies kann sicherlich auch als eine gewisse Form des Do verstanden werden, aber eindeutig mit den entsprechenden oben beschriebenen Einschränkungen.

Natürlich muss vor allem die mentale Situation oder Problematik des Wettkämpfers vor, während und auch nach dem Wettbewerb bedacht werden. So ist die psychische Belastung in den verschiedenen Phasen des einzelnen Kampfgeschehens oder auch im Verlauf eines Turniers sicherlich sehr, sehr groß, erfordert eine entsprechende Übung und somit auch Auseinandersetzung mit sich selbst. So steigen unterschiedlichste Emotionen im Wettkämpfer hoch, die für sich eine besondere Herausforderung an dessen Geist stellen. Exemplarisch seien hier nur Angst, Enttäuschung oder das schiere Aushalten der Situation angeführt, die einen ganz wesentlichen Einfluss auf die Person haben. Auch diese Auseinandersetzung mit entsprechenden Situationen und damit vor allem mit sich selbst leistet sicherlich einen wertvollen Beitrag zur Ausbildung und Vervollkommnung der Persönlichkeit und stimmt somit mit dem eigentlichen Anspruch der Kampfkunst überein. Allerdings ist das Ziel beziehungsweise die zugrunde liegende Motivation in diesem Fall „nur" der sportliche Erfolg, der Sieg über den sportlichen Kontrahenten ist also Bestandteil des Wettkampfsystems und widerspricht somit de facto dem Do.

In vielen modernen ostasiatischen Kampfarten gibt es Beispiele für etablierte Handlungsmaximen, die im Kampf gründen, aber letztlich über das Verhalten im Kampf hinausgehen und somit eine Art Ethik, also Sittenlehre etablieren, die wiederum auf generelles soziales Verhalten Bezug nimmt.

Diesen Anspruch macht die Silbe Do deutlich. Sie ist die abgewandelte Form des chinesischen Ausdrucks „Dao" und beinhaltet den pädagogischen Anspruch auf charakterliche Weiterentwicklung der Praktizierenden der jeweiligen Kampfkunst. Entscheidende und wesentliche Merkmale sind hier stets und übergreifend Aspekte wie Respekt vor dem Gegenüber, höfliches Verhalten und Selbstdisziplin. Derartige Grundkonzepte werden dann spezifisch mit weitreichenderen Tugenden bereichert, die der jeweiligen gesellschaftlichen Ideologie untergeordnet sind.

So wird mittels der Fokussierung auf das Do das Taekwondo auch zu einem pädagogischen System, welches dem Praktizierenden eine charakterliche Höher- und/oder Weiterentwicklung ermöglichen soll. Der sich schließlich hieraus ergebende Ethos der Kampfkunst formuliert somit allgemeingültige Verpflichtungen wie etwa Schutz der Gerechtigkeit und des Friedens, Unterstützung universeller Gleichberechtigung und allgemein das Führen eines moralischen Lebens (siehe Eide des Taekwondo).

Basierend auf diesen abstrakten ethischen Richtsätzen formuliert dieses Ethos jedoch auch teils sehr konkrete und eindeutig formulierte Handlungsweisen, die sich selbstverständlich auf das Training selbst, aber auch sehr viel weitereichender auf das alltägliche Leben außerhalb des Dojang beziehen. So finden sich etwa im Kukkiwon Taekwondo Textbook beispielsweise Äußerungen zum allgemeinen Erscheinungsbild. So habe der Taekwondoin stets angemessen gekleidet zu sein, wobei er immer auf die äußeren Umstände zu achten habe. Sein Erscheinungsbild solle weder blind der Mode folgen noch Faulheit ausstrahlen. Vielmehr solle es grundlegend seine allgemeine Absicht unterstreichen, einen sauberen und bescheidenen Lebensstil zu führen. Ähnlich konkret wird es im Hinblick auf Gesprächssituationen, Besuche, bei Tisch und vielem mehr, womit das Ethos des Taekwondo also weit mehr als übergeordnete Sittenlehre darstellt, sondern klare Anweisungen für das alltägliche Miteinander formuliert. Dies stellt folglich in seiner Gesamtheit ein strukturiertes, differenziertes und auch bewusst zweckgerichtetes Wertesystem dar. Somit muss das Taekwondo heute als deutlich strukturiertes und intentional konzipiertes System verstanden werden, dessen Potenzial und Anspruch weit über die rein sportlichen Ambitionen hinausgeht. Es erscheint vielmehr als kulturell aufgeladenes Medium mit dem pädagogischen Anspruch auf besondere Charakterentwicklung des Individuums.

Wie für jeden Lernprozess im Leben eines Menschen gilt auch in diesem Zusammenhang die Maxime, dass der Lernerfolg hochgradig von den Lernmöglichkeiten und dem Lernwillen des Schülers beziehungsweise des Trainierenden abhängig ist. Kurzgefasst, wenn der Schüler nicht will, wird sich ein Lernerfolg nicht oder nur in deutlich geringerem Maße oder sehr viel langsamer einstellen, egal wie gut das Lehrangebot auch aufgestellt sein mag.

Eine ebenso wichtige und entscheidende Rolle im Lernprozess im Allgemeinen wie auch hier im Speziellen kommt dem Vermittler zu, also der Position und Rolle des Meisters, des Lehrers beziehungsweise Trainers.

Der Lehrer ist maßgeblich für die Atmosphäre im Dojang verantwortlich und folglich auch für das Wohlbefinden jedes Einzelnen. Er muss jeden seiner Schüler als wertvolles

Individuum sehen und sich dessen persönliche Rolle verge-
genwärtigen. Es darf ihm auch nicht um Dogmatik gehen,
sondern sein Ziel muss sein, den jeweiligen Schüler zu einem schöpferischen, leistungsfähigen und leistungswilli-
gen, kreativen und unabhängigen Mitglied der Gesellschaft
werden zu lassen. Der Lehrer muss den Schüler bei dessen
Suche nach Selbstverwirklichung bestmöglich unterstützen.
Die strikten Regeln im Dojang stehen bei diesem Prozess in
keinster Weise im Weg, sondern stellen ein wirksames Instrumentarium auf dem Schulungsweg dar.

Somit geht die Verantwortlichkeit des Lehrers weit über das
Vermitteln einzelner technischer Fähigkeiten hinaus und
lässt sich als Schaltstelle für die ideologischen Grundideen
und Grundwerte verstehen. Die Tragweite seiner Rolle
muss ihm bewusst sein, indem er neben den sportlichen und
körperlichen Fähigkeiten seiner Schüler ein zweckorientier-
tes Ziel formulieren soll. Dieses postuliert die Ausbildung
einer selbstbewussten, rechtschaffenen und vorbildlichen
Persönlichkeit, die schließlich selbst eine Vorbild- und Füh-
rungsposition in der Gesellschaft einnehmen kann und dies
auch will. Das Do fungiert hierbei als Weg zur körperlichen
und geistigen Beherrschung des eigenen Selbst und dient
der geistigen Reife.

Grundsätzlich muss für die Figur des Meisters oder Trainers
gelten, dass diese einen besonderen Stellenwert als Bezugs-
person, Motivator und auch als sportliches wie ideelles Vor-
bild innehat.

Nunmehr gilt es zu zeigen, inwiefern die oben dargestellten
Grundprinzipien des Do Ausdruck finden beziehungsweise

sich manifestieren, insofern sie entsprechend transportiert und den Trainierenden an die Hand gegeben werden.

Kapitel 5 – Ausdruck und Manifestation

Im Folgenden sollen einzelne Aspekte vorgestellt werden, die die oben beschriebene Identität des Taekwondo manifestieren. Diese für den Taekwondoin alltäglichen und immer wiederkehrenden Gesichtspunkte tragen alle eine tiefe Bedeutung in sich und repräsentieren das wesentliche Anliegen der Kampfkunst und prägen diese.

Der Übungs- und Trainingsraum ist der sogenannte *Dojang*, der gemäß der Begrifflichkeit der geistigen Entwicklung der Praktizierenden geweiht ist. Vom ideellen Verständnis her ist er ein Raum, der von den Taekwondoin unabhängig von Geschlecht, Alter, nationaler, religiöser oder anderer Unterschiede genutzt wird, um ihre physischen, psychischen und ethischen Fähigkeiten und Wertvorstellungen zu schulen und zu verbessern. Eine der wesentlichen Aufgaben des Trainers muss es hierbei sein, eine Atmosphäre zu schaffen, die es dem Schüler ermöglicht, sich von Alltagsgedanken zu entfernen und sich so voll und ganz auf das Training zu fokussieren.

Innerhalb des Dojang herrschen eindeutige Regeln, die das eigentliche Wesen des Taekwondo manifestieren und die jeder Taekwondoin zu befolgen hat. Hierdurch wird der Dojang zu einem sakralähnlichen Raum, bei dessen Betreten der Taekwondoin alle Belange des alltäglichen Lebens hinter sich lassen soll, um sich vollends auf das Training fokussieren zu können. Die umgangssprachlich als Dojang-Etikette bezeichneten Verhaltensregeln unterstützen dies.

Neben den oben beschriebenen Grundsätzen des Taekwondo, die selbstverständlich auch im Dojang zu befolgen sind, sind noch weitere praktische Verhaltensregeln ergänzt worden, von denen exemplarisch einzelne kurz vorgestellt werden.

So darf der Trainingsraum nur in einem sauberen, weißen und gebügelten Kampfanzug (*Dobok*) betreten werden, wobei ein schwarzes Revers den Dan-Trägern vorbehalten ist. Ebenso muss der Gürtel (*Ty*) korrekt gebunden sein. Sowohl beim Betreten als auch beim Verlassen des Dojang ist man zu einer Verbeugung vor beziehungsweise in Richtung der koreanischen Flagge (*Taeguki*) verpflichtet, die elementarer Bestandteil des Dojang ist. Gleiches gilt in Bezug auf den Trainer. Vor Beginn und zum Ende der Trainingseinheit stellen sich alle Taekwondoin zur Fahne hingewendet auf. Hierbei steht der Ranghöchste mit Blick auf die Fahne vorne rechts und die übrigen Aktiven folgen entsprechend ihrer Graduierung in Reihe. Einzelne Aspekte wie das Tragen von Uhren oder Schmuck, das Verlassen des Dojang ohne die Erlaubnis des Trainers, das Essen, Trinken oder Kaugummikauen sind verboten.

Die koreanische Nationalflagge, die *Taeguki*, hat eine besondere Bedeutung für das Taekwondo. Alles auf ihr beinhaltet eine wichtige Symbolik und zeigt im Grunde das koreanische Denken an sich. Sie wurde 1948 institutionalisiert und gilt als Wahrzeichen des koreanischen Freiheitskampfes und ist somit auch Ausdruck des koreanischen Nationalstolzes. Sie besteht aus drei Anteilen, dem weißen Hintergrund, vier Trigrammen und zwei ausgebuchteten Halbkreisen. Der weiße Hintergrund symbolisiert Reinheit, Unschuld sowie Frieden und „geistige Leere". Somit verbindet sie konfuzianische und buddhistische Ideen. Zentral platziert finden sich die beiden ausgebuchteten Halbkreise, Yin (blau) und Yang (rot). Sie stehen für einander entgegengesetzte und dennoch aufeinander bezogene Kräfte oder Prinzipien und symbolisieren das „Große Ur-Eine". Umgeben ist dieses zentrale Element von vier Trigrammen, je zwei zu beiden Seiten. Links finden sich die Trigramme für Feuer (unten) und Himmel (oben), rechts für Erde (unten) und Wasser (oben). Die Anordnung der Trigramme ist jeweils um 45° versetzt, was wohl als Zeichen des permanenten Entstehungs- und Wandlungsprozesses verstanden werden kann. In ihrer Gesamtheit symbolisieren die Trigramme auch die Yin-Yang-Balance mit zwei Gegensatzpaaren, die sich diagonal gegenüberstehen.

Während der Trainingsraum in Abhängigkeit von den gegebenen Räumlichkeiten und natürlich im Hinblick auf seine Ausstattung, Utensilien und auch Dekoration sehr unterschiedlich gestaltet sein kann, so ist stets die koreanische Flagge an der Stirnseite des Dojang das zentrale Element. Sein symbolischer Charakter konstituiert sich in allererster Linie durch die ideelle Übereinkunft der Taekwondoin, welche wiederum durch bestimmte Regeln getroffen wurde, denen sich die Beteiligten freiwillig und umfänglich unterwerfen.

Die weiße Farbe findet sich auch im zweiteiligen Kampfanzug, dem *Dobok*, wieder, der im traditionellen Taekwondo rein weiß ist. Dies ist einerseits die am schwersten sauber zu haltende Farbe und soll somit den Taekwondoin daran erinnern, dass er, genau wie bei seinem Dobok, stets an der Reinheit seiner Techniken und der Reinheit seines Geistes arbeiten muss. Andererseits vereinheitlicht der Dobok die Aktiven und lässt sie unabhängig von ihrer sozialen Stellung,

Herkunft, Weltanschauung und Religion gleichbehandelt trainieren.

Der Dobok wird stets mit einem Gürtel, dem *Ty*, gebunden. Die Gürtelfarben repräsentieren den Entwicklungsstand und Fortschritt des Taekwondoin. Wir kennen fünf Farben, nämlich Weiß, Gelb, Grün, Blau, Rot und Schwarz. Diese entspringen den fünf Wandlungsphasen nach der neokonfuzianischen Yijing-Tradition. Demgemäß sind die Gürtelfarben entsprechend den fünf Phasen und in ihrer Symbolik gewählt.

Der Beginner der Kampfkunst trägt den weißen Gürtel. Weiß steht, wie schon oben beschrieben, für unbefleckte Unschuld, für Reinheit, aber auch für Unvoreingenommenheit. Sie ist die Farbe des Westens und des Metalls und steht für Helligkeit. Der Beginner steht noch ganz am Anfang seines Tuns, ist noch nicht vorbelastet und hat noch keinerlei Entwicklung genommen.

Auch wenn es jeweils Halbfarben gibt, die es durch eine Gürtelprüfung zu erreichen gilt, also weißer Gürtel mit zwei gelben Streifen, gelber Gürtel mit zwei grünen Streifen etc., ist die nächste Gürtelfarbe Gelb. Gelb steht symbolisch für die Erde. Diese ernährt uns und bringt neue Dinge hervor, gestaltet sie aus. Ein erster Wandel ist nun zu sehen, der Wandlungsprozess hat begonnen.

Es folgt die grüne Gürtelfarbe, sie steht für Holz und das Frühjahr. Das Leben erwacht, die Pflanzen sprießen, diese Jahreszeit bedeutet Vitalität und Kraft. Die Fortschritte des Aktiven werden deutlich und lassen auf weitere Entwicklung hoffen.

Die folgende Farbe Blau gehört nicht in die fünf Wandlungs-phasen, beschreibt vielmehr einen graduellen Unterschied zu Grün. Blau repräsentiert den Himmel und somit den Auf-stieg zu neuen Sphären beziehungsweise gen Himmel. So-mit gilt der Träger des blauen Gürtels tatsächlich als fortge-schritten.

Es folgt der rote, das Feuer symbolisierende Gürtel. Rot steht hierbei für die Freude und den Sommer. Noch gehört der Sommer zum Wachstum, die Dinge erlangen ihre Reife, sie entfalten ihre größte Blüte. Das Feuer beschreibt auch einen Zustand des Respekts, denn der Meistergrad ist in greifbarer Nähe. Feuer kann aber auch emotionale Überreizung und Selbstüberschätzung bedeuten, bedarf also einer Dämpfung. Der Schüler benötigt folglich eine Erdung, muss emotional dorthin gebracht werden, wo er einst herkam. Dementspre-chend muss Feuer gelöscht werden, sodass die folgende schwarze Gürtelfarbe für Wasser steht.

Die Farbe Schwarz steht somit auch für die Würde und Ehre, die Zeit als Schüler ist beendet. Jetzt ist es am Taekwondoin, sich des schwarzen Gürtels würdig zu erweisen. Schwarz ist das Gegenstück zu Weiß, der Kreislauf schließt sich. Schwarz, das Yin, und Weiß, das Yang, sind die Farben der Yin-Yang-Monade und symbolisieren eine untrennbare Ein-heit dieser beiden und den ewigen Kreislauf des Lebens. In der Gesamtheit zeigt sich also, dass der Weg vom Schüler zum Meister durch einen stetigen Wandel gekennzeichnet ist.

Ein ganz wesentlicher Bestandteil des Taekwondo ist der Formenlauf, die Poomsae. Sie stellt einen formalisierten Kampf gegen einen beziehungsweise mehrere imaginäre

Gegner dar. In den Formen sind die Kampfprinzipien und Techniken des Taekwondo enthalten und in unterschiedlichsten Bewegungsarten miteinander verbunden. Wichtige Kriterien für die korrekte Ausführung sind Konzentration, eine Visualisierung des Kampfes, ein korrekter Krafteinsatz und, von entscheidender Bedeutung, eine ebensolche Atmung. Neben der korrekten Ausführung der Techniken ist beim Formenlauf auch auf die jeweilige Blickrichtung, die Schwerpunktverlagerung, unterschiedliche Ausführungsgeschwindigkeiten und -stärken sowie insbesondere die korrekte Atmung zu beachten.

Bis zum vollkommenen Beherrschen einer Poomsae gibt das Kukkiwon Taekwondo Textbook fünf Schritte vor: Form, Bedeutung, praktische Verwendung, Individualisierung und Vollendung.

Der erste Schritt muss natürlich das Erlernen der äußeren Form inklusive richtiger Blickrichtung und korrekter Technikausführung sein („Form"). Hierauf aufbauend soll der Taekwondoin seinen Fokus darauf legen, den Schwerpunkt korrekt zu erfassen, unterschiedliche Geschwindigkeiten und Stärken der Ausführung zu berücksichtigen, die Atmung korrekt einzusetzen und die Verknüpfung der einzelnen Bewegungsaspekte und Phasen entsprechend darzustellen („Bedeutung"). Im Folgenden soll das Gelernte auf seine Anwendbarkeit hin überprüft werden („praktische Verwendung"), folglich an die eigene Körperstruktur, eigene Vorlieben und Präferenzen angepasst werden („Individualisierung") und schließlich durch die Verbindung von Körper und Geist („Vollendung") seinen Abschluss finden und den Lernprozess vollenden. Letzteres manifestiert schließlich die Poomsae als solche.

Einen besonderen Stellenwert bei den Formen hat die Stärkung des Qi, das heißt der inneren Energie, Konzentration und Fokussierung eines Zieles. Hierbei ist die korrekte Atemtechnik von entscheidender Bedeutung. Die Bewegung soll locker und mit maximaler Beschleunigung zum Ziel geführt werden. Im Moment des Impulses, des Auftreffens auf dem Ziel, muss die gesamte Energie entladen werden. Dies geschieht im Bruchteil einer Sekunde, in der die gesamte Muskulatur angespannt wird, die letzte Drehung von Hand oder Hüfte in Verbindung mit dem Kampfschrei (*Kihap*) erfolgt.

Insgesamt erfüllen die Formen somit mehrere Aufgaben. Neben der Perfektionierung der Technik, der Schulung der Zielgenauigkeit, der Kräftigung von Körper und Geist sind es auch die Stärkung der inneren Energie und die Förderung der Gesundheit.

Für die Schülergrade sind sogenannte *Taeguk* definiert, die ähnlich wie die Gürtelfarbe eine jeweilige Symbolik in sich tragen.

Die erste Form ist *Taeguk Il-Jang* und symbolisiert den Himmel, den Schöpfer aller Dinge, den Spender des Lebens. Mit dieser Form legt der Taekwondoin den Grundstein für seine Entwicklung.

Es folgt *Taeguk I-Jang* und symbolisiert Stabilität und Heiterkeit, Zuversicht und Gelassenheit. Ihr wird das Bild des Sees zugeordnet.

Die dritte *Taeguk* nennt sich *Sam-Jang* und steht für Feuer. Feuer spendet Wärme und bedeutet Leben, aber auch Gefahr. Der Übende soll sich dessen bewusst sein und sich bei allem Fortschritt vernünftig verhalten.

Es folgt *Taeguk Sa-Jang*, welches Macht und Kraft in Form des Donners symbolisiert. Die rhythmischen und kraftvollen Bewegungen dieser Form stehen für Zielstrebigkeit und Entschlossenheit.

Taeguk O-Jang steht für den Wind. Insbesondere starker Wind wirkt zerstörerisch, als Manifestation des Himmels hat er aber auch eine versorgende Funktion für alle Lebewesen. Entsprechend lösen sich in dieser Form stürmische und ruhige Bewegungen ab und es beginnt der Umschwung vom Anfänger zum Fortgeschrittenen.

Es folgt *Taeguk Yuk-Jang* und repräsentiert Wasser. Anpassungsfähig und nachgiebig, gleichermaßen aber auch zerstörerisch, wie das Wasser zeichnet sie die Bewegungsabläufe nach.

Taeguk Sil-Jang symbolisiert einen Berg und steht für Festigkeit, Stabilität und Entschlossenheit. Der Schüler ist mittlerweile so weit fortgeschritten, dass er so gefestigt und entschlossen ist und sich nicht mehr von seinem Weg abbringen lässt.

Die letzte Taeguk, die zur Erreichung des ersten Dan-Grades erlernt werden muss, ist *Taeguk Pal-Jang*. Diese ist mit dem Bild der Erde assoziiert. Mit dieser Form wird ein Ende erreicht und zugleich ein neuer Anfang geschaffen. So ist sie auch die einzige Taeguk, die Sprungtechniken als Symbol für neue Sphären enthält.

Entsprechend gibt es auch für die Dan-Grade jeweilige Meisterformen, die sogenannten *Poomsae*. Diese sollen alle Prinzipien und den Geist des Taekwondo sowie der koreanischen Philosophie selbst verkörpern.

Die erste Meisterform nennt sich *Koryo* und steht für die gleichnamige Dynastie, die von 918 bis 1392 herrschte und namensgebend für das heutige Korea ist. Koryo symbolisiert den gelehrten Menschen, den Soldaten mit starkem Charakter.

Es folgt *Kumgang*, was zunächst für den Diamanten steht, der zu hart ist, um gebrochen zu werden. Es steht auch für den schönsten Berg Koreas, den Kumgangsan. Die Symbolik bezieht sich also auf Kraft und Erhabenheit des Berges und die Härte des Diamanten.

Es folgt die Meisterform *Taebaek*. Der Berg Taebaek ist der Ort, auf dem der Legende nach Korea gegründet wurde. Sie symbolisiert die Reinheit der Seele und das Ideal der Menschlichkeit des legendären Gründers Koreas, Dangun.

Pyongwong steht als folgende Meisterform für die Weite der Prärie, eine ausgestreckte Ebene, wo alles Leben entstanden ist, also für Weite und Freiheit.

Die Zahl 10 beschreibend und somit eine disziplinierte Ordnung symbolisierend ist *Sipjin*. Die Dezimale zeigt daneben die zehnfache Ewigkeit, die den Menschen Hoffnung und Zuversicht gibt.

Jitae symbolisiert die Erde, die Ursprung allen Lebens ist, aus der alles hervorgeht und zu der alles zurückgeht.

Chonkwon steht für den Himmel, zu dem der Mensch respektvoll hinaufblickt. Eine weitere Bedeutung liegt in Chonkwon im Absteigen des himmlischen Menschen Hwangung, der sich dem Himmel und dessen Willen unterwirft und auf der Erde wirkt, was wiederum die Einheit von Himmel und Erde andeutet.

Hansu steht für das Wasser. Mit diesem sind verschiedene Eigenschaften verbunden, vor allem Veränderbarkeit und Anpassung.

Schließlich folgt die letzte Poomsae namens *Ilyo*. Dies bedeutet im buddhistischen Glauben das Verschmelzen von Körper und Geist und stellt, wie beschrieben, das höchste Ziel des Taekwondo dar. In diesem Zustand lässt man alles materialistische Denken, jedes Besitzstreben und alle externen Einflüsse hinter sich.

Jede Taeguk und jede Poomsae besitzt demnach eine metaphysische Dimension, sie tragen ihre eigene Philosophie in sich, ebenso wie eine entsprechende Symbolik. Dieses Metaphysische ist das sogenannte Dao, das, was sich auf der Ebene der reinen Form bewegt und das Ziel der Ausführung der Form sein muss.

Traditionsgemäß wird der Dojang barfuß betreten, das Training ebenso durchgeführt. Diese Kleidungsvorschrift bringt Bescheidenheit zum Ausdruck und gewährleistet auch den unmittelbaren Kontakt mit dem Boden, ohne zwischenliegendes Medium. Dies ist auch Voraussetzung für eine korrekte und kraftvolle Ausführung der jeweiligen Technik, indem dies Standfestigkeit, Körperbewegung und Körpererfahrung begünstigt. General Choi selbst beschrieb noch einen Abhärtungseffekt durch das Barfußtraining im Schnee. Letzterer ist auch im Hinblick auf Bruchtests wichtig.

Ziel des Bruchtests, des *Kyokpa*, ist, die Effektivität, also die zerstörerische Kraft einer erlernten Technik nachzuweisen. Hierzu muss der Taekwondoin neben der korrekten Technik noch Kraft, Schnelligkeit, Zielgenauigkeit, aber auch den notwendigen Mut, Entschlossenheit und Selbstvertrauen aufbringen. Jeder Bruchtest muss mit einem kräftigen Kampfschrei und der damit einhergehenden Atemtechnik durchgeführt und in Verbindung gebracht werden.

Da Zerstörung den Grundprinzipien des Taekwondo eindeutig widerspricht, verbeugt sich der Taekwondoin vor dem Bruchtest vor dem Prüfer, um so symbolisch die Erlaubnis des Meisters zu erhalten, das Material zerschlagen zu dürfen. Einer ähnlichen Symbolik folgt die Verbeugung nach dem Bruchtest, der zum Ausdruck bringen soll, dass der Taekwondoin die gezeigte Kraft nicht missbrauchen werde.

Die Bedeutung des Do, also des Weges zur geistigen Meisterschaft, zeigt sich auch im Hinblick auf den Bruchtest. So wird dieser eindrucksvoll unter Beweis gestellt, wenn beispielsweise kein Holzbrett, sondern tatsächlich Stein durchschlagen wird. Bei derartigen Materialien ist es allein die Kraft des Geistes und des Willens, die eine derartige Leistung ermöglicht. Dies stellte etwa Kwon Jae-Hwa, Deutschlands erster Bundestrainer in den 1970er Jahren besonders beeindruckend unter Beweis, indem er einen erfolgreichen Bruchtest an Flusskieseln durchführte, die er mit der Innenhandkante zerschlug.

Der oben schon erwähnte Kampfschrei, der *Kihap*, ist für den Anfänger oder den unerfahrenen Beobachter oftmals ein zunächst eher befremdliches Element des Taekwondo. Das koreanische Wort Kihap setzt sich aus den Begriffen Ki, für Geistes- und Körperkraft, und Hap, für Konzentration auf einen Punkt beziehungsweise Zusammenführung zusammen. Der Kampfschrei ist somit ein wichtiger Ausdruck des sehr bedeutsamen und vielschichtigen Begriffes Qi in der chinesischen Philosophie und bezeichnet die Konzentration auf ebendieses. Von zentraler Bedeutung ist hierbei die Atmung, die durch die Nase in den Unterbauch und wieder zurück erfolgen soll. Das stoßartige Ausatmen korrespondiert in seiner zeitlichen Abfolge mit der Technik, wodurch sich Bewegung und Atmung gegenseitig synchronisieren.

Im Kihap werden die gesamte verfügbare Kraft, die Geschwindigkeit und die Energie kon-zentriert und zusammengeführt. Sinn des Kihap ist also, dass Körper, Geist und Seele in diesem einen Moment, in dem die Technik ausgeführt wird, in höchster Konzentration und ohne Ablenkung zusammenwirken können. Somit kann die innere Spannung aufrechterhalten und die Aufmerksamkeit auf die Aktion gesteigert und fokussiert werden. Er steigert die Kraft einer Technik und unterstützt die eigene Entschlossenheit bei gleichzeitiger Einschüchterung des Gegners. Rein körperlich reduziert er die eigene Verletzlichkeit durch die konzentrierte Anspannung des Körpers.

Schließlich sei noch auf den Respekt als einen ganz elementaren Aspekt des Taekwondo verwiesen. Der sogenannte *Kyongle* ist ein koreanischer Gruß und fungiert als wesentliche Respektsbezeugung. Rein sprachlich setzt sich Kyongle aus zwei Wörtern zusammen. Kyong bedeutet „Achtung

(des Partners)" und Le steht für Höflichkeit beziehungsweise Etikette. Vor, nach und während des Trainings gibt es
zahlreiche Respektsbezeugungen, so etwa bei Partnerübungen oder auch vor und nach einem Kampf. Um seine Achtung und seinen Respekt seinem Gegenüber auszudrücken,
verbeugen sich beide und schauen sich in die Augen. Vor
und nach dem Training verbeugen sich alle Trainierenden
vor dem Trainer, beim Betreten und Verlassen des Dojang
ist dies, wie oben beschrieben, an die koreanische Flagge ge-
richtet. Somit ist der Respekt als Geste sowie als geistiger
Wert stets präsent und auch regulatives Element.

Im Folgenden soll exemplarisch herausgearbeitet werden,
wo die physischen und mentalen Vorzüge sowie die oben
beschriebenen grundlegenden Wertvorstellungen der traditionellen koreanischen Kampfkunst Taekwondo in ihrer Anwendung und Umsetzung eine realistische Chance für die
moderne Gesellschaft des 21. Jahrhunderts darstellen können. Hierzu sollen ohne Anspruch auf Vollständigkeit einzelne Aspekte aus den Bereichen Persönlichkeitsbildung,
Schule, Gewaltprävention sowie allgemeine gesundheitliche Gesichtspunkte Anwendung finden.

Kapitel 6 – Traditionelles Taekwondo als Chance für die moderne Gesellschaft

Nachdem in den vorangegangenen Kapiteln versucht wurde, den philosophischen Hintergrund und geistigen Wert des Taekwondo, seine Ausprägung und Manifestation zu veranschaulichen, soll es nunmehr um das hieraus erwachsene Wesen der Kampfkunst gehen, also um die Persönlichkeitsentwicklung und die Charakterschulung. Hieraus sollen die Chancen und der potenzielle Nutzen der traditionellen Kampfkunst für unsere moderne Gesellschaft exemplarisch veranschaulicht werden.

Zunächst erfolgt eine kurze allgemeine Betrachtung des Selbstkonzeptes, des Selbstbewusstseins und der Achtsamkeit im Zusammenhang mit der Kampfkunst als ganz wesentliche Aspekte, die die Persönlichkeit beziehungsweise deren Entwicklung eines jeden Menschen ausmachen. Da dies insbesondere auf junge Menschen und deren Persönlichkeitsentwicklung übertragen werden soll, muss auch auf die Institution Schule eingegangen werden, da dies der Ort ist, an dem unsere Jugend den größten Teil ihres Alltags verbringt. Zudem soll der Zusammenhang mit einer möglichen Gewaltprävention durch Taekwondo dargestellt werden. Schließlich werden abschließend und darüber hinaus allgemeine gesundheitliche Aspekte exemplarisch in den Blick genommen, um somit den besonderen Wert des Taekwondo zu verdeutlichen.

Kapitel 6.1 – Persönlichkeitsentwicklung

Unter der Persönlichkeit versteht man die Gesamtheit aller überdauernden individuellen Besonderheiten im Erleben und Verhalten eines Menschen. Der Persönlichkeit eines Menschen werden verschiedene Eigenschaften oder Merkmale zugeordnet, wie beispielsweise intelligent, aggressiv, gesellig, leistungsmotiviert, konservativ oder Ähnliches. Der Begriff überdauernd meint in diesem Zusammenhang, dass diese jeweiligen Merkmale zumindest über gewisse Zeiträume hinweg stabil sind. Somit handelt es sich um Tendenzen, bestimmte Situationen in bestimmter Weise zu erleben und sich folglich dort in bestimmter Weise zu verhalten. Wichtig erscheint dabei und im hiesigen Zusammenhang, dass eine langfristige Veränderung der Persönlichkeit beziehungsweise der jeweiligen Merkmale nicht ausgeschlossen ist. Mit anderen Worten ist eine Entwicklung der Persönlichkeit durchaus möglich und genau hier setzt die Ideologie, das Do, der Kampfkunst Taekwondo an.

Weitere wichtige Begriffe in diesem Zusammenhang sind das Selbstkonzept und das Selbstbewusstsein sowie die Achtsamkeit, die im Folgenden auf das Taekwondo Anwendung finden sollen.

Unter Selbstkonzept versteht man diejenigen Kognitionen und Emotionen eines Menschen für die eigene Identität und die eigenen Werte. Das umfasst die Gedanken und Gefühle, die in einem Menschen aufkommen, wenn er sich die Frage stellt, wer er eigentlich ist. Vereinfacht ist hiermit das „Bild von sich selbst" gemeint. Dies lässt sich in verschiedene Konzepte differenzieren, zum Beispiel das Selbst im Beruf, das Selbst in der Familie oder im Freundeskreis und so weiter. Darüber hinaus beinhaltet das Selbstkonzept, warum und wie eine Person Entscheidungen trifft, wovon sie sich, aber auch von wem sie sich dabei beeinflussen lässt. Aus diesen komplexen Strukturen ergeben sich schließlich die

Wahrnehmung und auch die Entwicklung der eigenen Persönlichkeit.

Studien belegen, dass das Selbstkonzept von Kindern schon mehrdimensional strukturiert ist. Das meint, es lassen sich ein Selbstkonzept der Fähigkeiten, ein körperliches Selbstkonzept und ein soziales Selbstkonzept voneinander unterscheiden. Kinder sind in der Lage, sich in allen drei Bereichen einzuschätzen, wobei die Stabilität und Klarheit des Selbstkonzeptes mit dem Alter stärker ausgeprägt sind. Das impliziert übrigens auch, dass die Eigenwahrnehmung besonders jüngster und junger Menschen deutlich von der Fremdwahrnehmung durch ihre Umwelt abweichen kann.

Für Kinder und Jugendliche kann auch ein schulisches und nichtschulisches Selbstkonzept unterschieden werden, die wiederum das sogenannte globale Selbstkonzept der Person ausmachen. Während das schulische Selbstkonzept auf die jeweiligen Lernbereiche, sprich Unterrichtsfächer ausgerichtet ist, können im nichtschulischen Selbstkonzept ein soziales, emotionales und schließlich körperliches Selbstkonzept differenziert werden. Diese beziehen sich folglich auf das soziale Umfeld, die Gefühle und Emotionen sowie die körperlichen Fähigkeiten und das Aussehen.

Das Selbstkonzept beeinflusst auch die Bildung und Berufspräferenzen, die Wahl des Berufes, die berufliche Laufbahn sowie spätere Berufszufriedenheit.

Folglich wird somit deutlich, wie wichtig ein positives Selbstkonzept für den Menschen ist. Ein positives Selbstkonzept ist in der Lage, neue Erfahrungen anzunehmen und sich daran anzupassen, es ist flexibel, wodurch es wieder zu einer weitgehenden Übereinstimmung zwischen dem

Selbstkonzept und den gemachten Erfahrungen kommt. Dies erscheint als grundlegend dafür, dass eine Person ausgeglichen und zufrieden ist. Im umgekehrten Fall, also Personen mit einem negativen Selbstkonzept und somit auch mit geringer Selbstachtung, versuchen, ihre verletzbare Selbststruktur strikt zu verteidigen und zu schützen. Für diese Personen stellt jede Situation, die ihr Selbstkonzept gefährdet und noch mehr infrage stellt, eine Bedrohung dar. Eine solche Bedrohung löst Angst aus und muss folglich abgewehrt werden, um die verletzliche Selbststruktur zu schützen. Im Wesentlichen reagiert die Person dann mit Verleugnung oder Verzerrung der Erfahrung.

Im sozialen Kontext bietet Taekwondo vieles, denn Kindern und Jugendlichen tut ein Gemeinschaftsgefühl gut und hilft grundlegend, ein Selbstkonzept zu stärken. Sie brauchen andere Menschen als Spiegel, um sich zu erkennen und auszuprobieren. Und dies ermöglicht ein kontinuierliches Taekwondo-Training, da Heranwachsende in Sportgruppen solche Selbstwirksamkeitserfahrungen wiederholt machen können. Gleichermaßen fördert Kritik, zum Beispiel durch den Trainer, eine positive Selbstwirksamkeit tendenziell am ehesten, wenn sie sachlich, an die Person gebunden (also keine allgemeine Kritik) und detailliert formuliert ist.

Dennoch ist Taekwondo trotz des Trainings in der Gruppe primär eine Einzelsportart, was hinsichtlich der Motivation des Einzelnen bedeutsam ist. Während sich in einem Mannschaftssport tatsächlich eine gewisse Abhängigkeit von den Mannschaftskollegen ergibt sowie ein bestimmtes Maß an Verantwortungsgefühl gegenüber diesen als Antrieb fungiert, steht im Taekwondo insbesondere die Eigenmotivation im Vordergrund. Diese zu schulen scheint eine ganz wesentliche Bedeutung hinsichtlich der Persönlichkeitsentwicklung zu haben. Bezeichnet die Eigenmotivation doch die Fähigkeit eines Menschen, aus eigenem Antrieb heraus, ohne unmittelbare Ermutigung oder sogar Zwang durch andere Personen oder Institutionen eine Anstrengung zu beginnen und sorgfältig und konsequent durchzuführen, bis das gesetzte Ziel erreicht ist. Dies deckt sich mit den beschriebenen Grundprinzipien der Kampfkunst und stellt entsprechend eine wichtige Grundfähigkeit in unserer Gesellschaft dar.

Auch körperliche Erfahrungen sind für Kinder wichtig, um Kenntnisse über sich und die eigenen Fähigkeiten zu gewinnen. Psychomotorisch erscheint somit Taekwondo in seiner facettenreichen Art mit unterschiedlichsten körperlichen Herausforderungen als äußerst geeignet, um den Aufbau eines positiven Selbstkonzeptes zu unterstützen. Leider gibt es zahlreiche Beispiele, wo es für Kinder und Jugendliche gar keine Möglichkeiten gibt, solche wichtigen Erfahrungen machen zu können. Denken wir etwa an Heranwachsende aus sozial schwächeren Familien, in denen seitens der Eltern oftmals diesbezüglich gar kein Interesse gezeigt wird. Es scheint darüber hinaus eine gewisse Korrelation zwischen dem sozialen Status im Elternhaus und den Lernschwierigkeiten beziehungsweise Verhaltensauffälligkeiten der Kinder zu bestehen. Diese können, wenn ihnen, wie oben beschrieben, der Zugang zum sportlichen Angebot verwehrt bleibt, folglich oftmals nicht ihre körperlichen Grenzen testen und kennenlernen. Taekwondo beinhaltet für diesen Personenkreis die besondere Chance, endlich eine Form von Selbstwirksamkeit zu erfahren, die das Selbstbewusstsein stärkt und somit etwa ein Ohnmachtsgefühl, einen Mangel an Förderung etc. zumindest ausgleichen kann. Dies sei an der Stelle direkt auf die Gewaltprävention bezogen, da derjenige, der sich kompetent empfindet, Gewalt als Mittel überhaupt nicht benötigt. Dies stellt für die Person gar keine Handlungsoption (mehr) dar, da es keinerlei Ziele gibt, die es durch Gewalt tatsächlich zu erreichen gilt. Dies sind somit in summa wichtige Argumente dafür, Taekwondo an die Schulen zu bringen!

Insgesamt dienen verschiedenste Informationsquellen dem Aufbau des Selbstkonzeptes, die ebenfalls dem Taekwondo innewohnen. So sind dies die Informationen über die Sinnessysteme, die direkten verbalen und nonverbalen Zuschreibungen und Rückmeldungen durch andere, genauso wie deren indirekte Rückmeldungen, des Weiteren der kontinuierliche Vergleich mit anderen und schließlich die Beobachtung und Bewertung des eigenen Verhaltens. Neue selbstbezogene Informationen werden vor dem Hintergrund des bisherigen Wissens über sich selbst interpretiert und beeinflussen die Entwicklung des Selbstkonzeptes. Es kann somit als dynamische und prozesshafte Selbsttheorie über die eigene Person verstanden werden.

Zusammenfassend beinhaltet Taekwondo folglich viele Möglichkeiten, das Selbstkonzept der Heranwachsenden zu stärken. Dies geschieht vor allem auf drei Ebenen. Einerseits durch verbale, ermutigende Mitteilungen und die Unterstützung durch den Trainer und innerhalb der Gruppe. Andererseits durch das Lernen am Modell (Beobachten uns ähnlicher Vorbilder bei erfolgreichem Handeln) und vor allem in der gelebten Praxis. Und darüber hinaus durch die direkte Erfahrung von Erfolg, welche das eigene aktive Handeln und Meistern einer schwierigen Aufgabe beinhaltet.

Die Kampfkunst bietet vielfältige Gelegenheiten zum erfolgreichen Handeln in herausfordernden Situationen. Wenn es der Meister beziehungsweise Lehrer versteht, die Kinder und Jugendlichen gleichzeitig zu ermutigen, ihnen ihre kleinen oder großen Fortschritte rückzumelden und Misserfolge nicht mangelndem Können, sondern der herausfordernden Situation zuschreiben, kann das Selbstkonzept der Trainierenden kontinuierlich gestärkt werden. Der sportliche Erfolg steigert das Selbstvertrauen bei künftigen Anforderungen und trägt langfristig über das Bewusstsein der eigenen Kompetenzen zur Stabilisierung des Selbstkonzeptes bei.

Ein weiterer zu behandelnder Aspekt ist das Selbstbewusstsein. In der Literatur werden hierfür teils Begriffe wie Selbstwertgefühl, -vertrauen, -sicherheit synonym verwendet. Der Begriff Selbstbewusstsein meint die emotionale Einschätzung des eigenen Wertes. Das Selbstwertgefühl ist dabei sozusagen der subjektive Wert, den man seiner eigenen Person zuschreibt. Es beeinflusst sowohl die Stimmung als auch das Verhalten der Person. Ist das Selbstwertgefühl hoch, fühlt sich das Kind wohl und traut sich mehr zu. Die Gewissheit und das Gefühl um den eigenen Wert bestimmen maßgeblich die Sinnfindung und Lebenseinstellung einer Person sowie das Ausmaß seiner Selbstbehauptung und ihr Sozialverhalten.

Ein junger Mensch entwickelt dann ein starkes Selbstbewusstsein, wenn er sich seinen Herausforderungen und seinen Ängsten stellt. Hier kann das Trainieren in der Gruppe, mit dem Übungspartner, sehr fördernd wirken. Nach Fehlern oder Misserfolg durch geschicktes Aufbauen durch Trainingspartner oder Meister kann die Angst vor diesen genommen werden. Der Wille und der Mut, es erneut zu versuchen, wachsen, durch die Wiederholung nimmt gleichermaßen der Lernerfolg zu. Der Schüler lernt auch, zumindest unbewusst, dass das Fehlermachen nichts Schlimmes ist, sondern zum Lernen dazugehört, ja sogar notwendig ist. Dies kann durch positive Verstärkung noch deutlich forciert werden. Die Betonung positiver Aspekte, das Lob innerhalb der Übungsgruppe und besonders durch den Meister stärkt das Überzeugtsein von den eigenen Fähigkeiten und somit in letzter Konsequenz vom Wert der eigenen Person.

Natürlich wird somit sofort deutlich, dass dies ein langer Weg ist. Auch hierbei wird die Bedeutung der Gruppe und des Meisters deutlich. Neben der Selbstdisziplin des Individuums, die eine Grundvoraussetzung für eine positive Entwicklung ist und auch selbst mit der Zeit auf- beziehungsweise ausgebaut wird, ist das pädagogische Geschick des Meisters wichtig, damit der Schüler in den trotz allem frustrierenden Situationen nicht aufgibt und weiter an seinen Fähigkeiten arbeitet. Der Schüler braucht mitunter deutliche Unterstützung, um sich schwierigen Situationen zu stellen. In diesem langwierigen Prozess wird schließlich mit dem sich einsetzenden sportlichen Erfolg der mentale mitwachsen. Der Schüler lernt, dass sportliche Probleme, hier Sinnbild für Ängste vor einem Versagen, überwunden werden können. Er muss lernen, dass es wichtig ist, sich unangenehmen Situationen zu stellen, auch wiederholt, mit Unterstützung und im eigenen Lerntempo.

Sicherlich ist es auch Aufgabe des Meisters, bei allem Willen zu sportlichem Erfolg seinen Schülern verständlich zu machen, dass dieser lange Weg für einen selbst nicht stressend sein darf. Ein wesentlicher Aspekt hierbei dürfte sein, gerade jungen Menschen zu verdeutlich, sich nicht andauernd mit seinen Trainingspartnern zu vergleichen.

Die gemeinsame, intensive und langwierige Arbeit an einzelnen, neu zu erlernenden Techniken, an einer zu laufenden Form oder jeglichen anderen Aspekten der Kampfkunst stellen den Taekwondoin in jeder Trainingseinheit vor Schwierigkeiten, die es zu bewältigen gilt. Mit der notwendigen Ausdauer, der aufzubringenden Selbstdisziplin und der gewährten Hilfestellung eines hoffentlich möglichst positiven Umfeldes kann somit über die Jahre eine signifikante Steigerung des Selbstbewusstseins erreicht werden. Die stetig mit der nächsthöheren Graduierung wachsende sportliche Herausforderung ermöglicht somit über die Jahre auch eine prozessuale und dynamische Entwicklung der geistigen Reife. Und genau das ist der Anspruch des traditionellen Taekwondo im Hinblick auf Persönlichkeitsentwicklung und Charakterschulung und macht seinen ureigensten Wert aus.

Während oben angesprochene Begriffe schon lange Forschungsgegenstand sind, ist das Konzept der Achtsamkeit ein vergleichsweise noch junges Forschungsfeld. Der Begriff stammt ursprünglich aus dem Buddhismus und meint eine besondere Form der urteilsfreien, akzeptierenden Wahrnehmung des gegenwärtigen Augenblicks und bezeichnet somit eine besondere Form der Bewusstseinsqualität.

Wesentliche Komponenten der Achtsamkeit sind beispielsweise die Förderung der Einheit von Körper und Geist, die Entwicklung bewusster Körperwahrnehmung und eine

Steigerung des körperlichen Wohlbefindens. Darüber hinaus bezieht sich die Achtsamkeit neben den verschiedenen Komponenten der Wahrnehmung aber auch auf Aspekte wie Konzentration, Disziplin und Durchhaltevermögen, die die Achtsamkeit insgesamt zu fördern sucht. In Verbindung mit einer Verbesserung des Zugangs zu eigenen Emotionen und Empfindungen und dem entsprechenden Umgang mit diesen zielt dies auf größere Gelassenheit und Geduld ab. Schlussendlich geht es bei diesem Konzept ebenso um Persönlichkeitsentwicklung, geistige Weiterentwicklung und allgemein auch die Förderung zur Fähigkeit, das Leben selbst gestalten zu können.

Mittlerweile hat das Konzept der Achtsamkeit verstärkt auch in moderne beziehungsweise westliche Gesundheitskonzepte und entsprechende gesundheitsfördernde Therapien Einzug erhalten.

Resümiert man die Ergebnisse der Achtsamkeitsforschung, kann auch hier ein sehr positiver Kontext zum Taekwondo hergestellt werden. Da sich Taekwondoin immer wieder und verstärkt mit ihren Emotionen auseinandersetzen müssen, werden sie immer mehr zu voll integrierten souveränen Persönlichkeiten und entwickeln sich folglich auf der Ebene des Bewusstseins weiter.

Die Kampfkunst fördert mit zunehmender Ausführungsdauer vielfältige Aspekte der Selbstüberwindung wie beispielsweise Transzendenz, Respekt, Gelassenheit und Verbundenheit, folglich Merkmale eines seelisch gesunden Individuums und gleichermaßen gesundheitliche Wirkfaktoren und somit auch eine Methode zur Gesundheitsförderung.

Die oben erläuterten Begriffe machen also einen wesentlichen Bestandteil der Persönlichkeit und des Charakters eines Menschen aus und es konnte aufgezeigt werden, wie diese grundlegend durch die Kampfkunst gestärkt und geschult werden können und die Persönlichkeit eines Menschen positiv beeinflusst und entwickelt werden kann.

Interessanterweise ist man sich in der Forschung grundlegend einig, dass diese positive Wirkung mit einer Fokussierung auf den olympischen Leistungssport sinkt. Je deutlicher also der Wert auf rein sportive und kompetitive Aspekte und somit physische Gesichtspunkte gelegt wird, desto geringer fallen die oben dargestellten positiven Auswirkungen auf die Persönlichkeitsstruktur aus. Dies belegt, dass aus der hier zugrunde gelegten Perspektive sich der besondere Wert des Taekwondo aus seiner traditionellen Dimension ergibt. Denn hier werden positive Wirkungen auf Aspekte wie Selbstkontrolle, Konfliktvermeidung, Respekt vor anderen und / oder Selbstentfaltung gelegt.

Im Folgenden soll dies vor dem persönlichen Hintergrund des Autors anhand der Schule, auf eine mögliche Übertragbarkeit hin überprüft werden.

Kapitel 6.2 – Taekwondo an Schulen

Zahlreiche Studien haben zweifelsfrei nachgewiesen, dass Sport im Allgemeinen und auch Taekwondo im Speziellen die Intelligenzentwicklung begünstigt.

Wissenschaftler haben zeigen können, dass Kinder und Jugendliche mit einer intensiven sportlichen Aktivität bessere Schulergebnisse erreichen konnten. Hierzu verglichen zum

Beispiel Forscher der Universität Würzburg die wöchentliche Sportzeit mit den jeweiligen Noten in den Fächern Mathematik und Deutsch. Die signifikant besseren schulischen Leistungen von Intensivsportlern erklären die Bildungsforscher mit der Begünstigung der Intelligenzentwicklung durch viel Sport und Bewegung. Darüber hinaus schulen die jungen Sportler in hohem Maße ihre Agilität, was ihre kombinierte Fähigkeit einer schnellen Auffassungsgabe und Bewegungsschnelligkeit meint. Je intensiver eine sportliche Erfahrung, desto besser werden kognitive Fähigkeiten geschult. Jede Entscheidung, zum Beispiel im Wettkampf, muss in Sekundenbruchteilen getroffen werden, wovon der Aktive schließlich konkret profitiert.

Ein wichtiges Anliegen dieser Arbeit ist, zu zeigen, dass Taekwondo einen wesentlichen Beitrag zur Ausbildung einer körperlichen wie auch mental gesunden Persönlichkeit leisten kann. Die Persönlichkeitsentwicklung unserer Kinder und Jugendlichen findet in erheblichem Maße an der Institution Schule statt. Folgerichtig bietet Taekwondo eine große Chance und wäre aus pädagogischer Sicht sinnvoll in die Schule zu integrieren.

Dies geschieht derzeit jedoch nur in Ansätzen. Ursächlich hierfür sind auch die institutionellen Rahmenbedingungen. Im Jahr 1993 hat die Kultusministerkonferenz eine Aufnahme des Taekwondo in den regulären Sportunterricht ausgeschlossen und begründete dies damit, dass Taekwondo eine Sportart mit gefährlichen Schlagtechniken sei. Dies führte dazu, dass Taekwondo an einzelnen Schulen nur im Rahmen schulischer Arbeitsgemeinschaften trainiert werden konnte.

Vonseiten der DTU wird seit 2008 eine Lizenzausbildung zum Schulsportlehrer Taekwondo angeboten, die bislang rund 400 Taekwondoin absolviert haben.

In der Summe erscheint dies dennoch unzureichend, da die Kampfkunst diverse Chancen für die Bildungseinrichtung Schule eröffnete. Neben den zu beschreibenden pädagogischen Vorzügen wäre es auch für die Schulen selbst im Sinne einer Schärfung des eigenen Schulprofils und somit in Zeiten des Wettbewerbs der Schulen untereinander sinnig.

Aus pädagogischer Perspektive sind vor allem drei Erziehungsziele zu benennen, die eine Implementierung des Taekwondo in die Schule begründen, und zwar die Geschlechtergerechtigkeit, das gewaltfreie Verhalten (siehe auch Kapitel 6.3) und die Verhinderung der Ausgliederung.

Im Hinblick auf eine geschlechtliche Gleichberechtigung kann die Kampfkunst einen wichtigen Beitrag leisten. Da die Institution Schule hierzu ohnehin gesetzlich verpflichtet ist, ergibt sich daraus eine weitere große Chance für diese. Einzelne Studien sehen hier noch einen deutlichen Nachholbedarf, etwa im Hinblick auf die Ausprägung von Geschlechterstereotypen. Und genau an dieser Stelle könnte Taekwondo als Kampfsport, der nach wie vor primär mit Jungen in Verbindung gebracht wird, einen wichtigen Impuls geben. Konkret könnten weibliche Teilnehmerinnen an einer Taekwondo-Arbeitsgemeinschaft diese Stereotypen aufbrechen, was natürlich ebenso in hohem Maße gegeben ist, wenn die Arbeitsgemeinschaft von einer weiblichen Kampfkünstlerin geleitet wird. In besagter Konstellation würde dies den dem weiblichen Geschlecht in einzelnen Gesellschaftsschichten oftmals noch zugeordneten Aspekten wie Schutzbedürftigkeit und/oder Hilflosigkeit konkret entgegenwirken. Grundsätzlich würde der koedukative Sport durch seine straffen Regeln und die auf Respekt basierende Etikette der Geringschätzung des anderen Geschlechts widersprechen.

Ein weiterer Schwachpunkt des deutschen Bildungssystems ist die Ausgliederung. Die soziale Stellung von Familien oder zunehmend auch ein Migrationshintergrund sind leider immer noch oftmals ursächlich für Misserfolg und sogar ein Scheitern in der Schule mit der Folge, dass die Kinder die Schule mit einem minderwertigen oder gar keinem Abschluss verlassen. Studien zeigen diesbezüglich, dass Ganztagsangebote im Allgemeinen und Angebote von schulfremden Personen im Besonderen positive Veränderungen im Sozialverhalten bedeuten. Eine erfolgreiche Teilnahme an außercurricularen Veranstaltungen stellt oft einen hoffnungsfrohen Kontrast zur schwierigen Schulbiografie eines Einzelnen dar und kann im Idealfall wieder Mut für den Schulalltag und vielleicht sogar wieder Freude am Lernen wecken. Der von vielen Schülern subjektiv als immer schlimmer empfundene Leistungsdruck und Schulstress können hier kompensiert oder zumindest in Teilen ausgeglichen werden. Laut dem von der DTU ausgearbeiteten Konzept für Taekwondo-Lehrer an Schulen (siehe unten) ist es den jungen Sportlern sogar möglich, erste Gürtelprüfungen abzulegen, die bei Bestehen auch volle Gültigkeit beim Eintritt in einen entsprechenden Sportverein hätten. Das bedeutet einen sportlichen Erfolg, den man durch die jeweilige Gürtelfarbe sichtbar macht. Ein Erfolg in der Schule, der Selbstvertrauen aufbaut. Durch das Tragen der einheitlichen Kleidung, etwa in Form von Schul-Doboks, werden soziale, nationale sowie religiöse Unterschiede ausgemerzt. Das gemeinsame Trainieren ist gelebte Integration!

Da Taekwondo ein sehr facettenreicher und vielseitiger Sport ist, ermöglicht dies dem Sportler, in vielen verschiedenen Einzeldisziplinen sportlichen Erfolg zu haben. Eine erlernte und richtig ausgeführte Einzeltechnik, eine korrekt gelaufene Poomsae, gelungene Aktionen im Sparring oder die geglückte Abwehr eines Angreifers sind alles gleichermaßen Erfolge. Einer bestandenen Gürtelprüfung, die ja alle Bestandteile des Zyklus des Taekwondo verlangt, kommt hier sicher ein besonders hoher Stellenwert zu. Werden diese Erfolge zusätzlich durch den Meister und die Trainingspartner positiv verstärkt, wird hiermit ein sehr positiver Effekt auf das Selbstbewusstsein des Aktiven ausgeübt.

Sich selbst bewusst zu sein, hängt von der eigenen Wahrnehmung sowie der Rückmeldung aus dem Umfeld ab. Dies setzt sich aus Selbstvertrauen und Selbstwertgefühl zusammen. Es geht also einerseits um das Vertrauen in die eigenen Fähigkeiten und die damit verbundene Überzeugung, etwas schaffen zu können und eine Situation zu bewältigen. Andererseits spielt die Wertschätzung durch das soziale Umfeld und auch sich selbst eine wichtige Rolle. Somit wohnt dem Taekwondo eine große Kraft zur psychischen Gesundheit eines jungen Menschen inne.

Das sportlich gesehen höchste Ziel des Taekwondo ist die Befähigung des Taekwondoin zu einer effektiven Selbstverteidigung. Was Taekwondo aber im eigentlichen Sinne ausmacht und somit seinen Kern darstellt, sind Persönlichkeitsentwicklung und Charakterschulung. Dies formulierte der Begründer des modernen Taekwondo, General Choi, wie oben beschrieben, explizit. So ist es das Ziel des Taekwondo, eine auf einem hohen Moralverständnis basierende Denkweise und einen ebensolchen Lebensstil bei einem diese Kampfkunst praktizierenden Individuum zu etablieren. Hier wird der konkrete Bezug auf das Do signifikant.

Einen ausgesprochen positiven Effekt erzielt Taekwondo auch im Hinblick auf die Selbstregulation, also die Fähigkeit, das eigene Verhalten bezüglich selbst gesetzter Ziele zu steuern. Studien haben gezeigt, dass es gerade Kampfsportarten sind, die infolge ihrer traditionellen Rituale und des stetigen Wechsels zwischen körperlich sehr anstrengenden Phasen und denen, die der Stille und Besinnung dienen, einen großen Effekt erzielen. Somit muss das pädagogische Potenzial des Taekwondo als sehr hoch eingeschätzt werden.

Wichtig für einen allgemeinen Lernerfolg ist ebenfalls eine positive Lernatmosphäre, zu der auch ein Sicherheitsgefühl grundlegend beiträgt. Eine aktuelle Untersuchung hat ergeben, dass sich je nach Schulform eine Vielzahl unserer Schüler an ihren jeweiligen Schulen allerdings nicht sicher fühlt. Nicht sicher fühlen sich die Schüler aufgrund tatsächlich erlebter oder als solche gefühlte Ausgrenzung aufgrund von Mobbing oder weil sie Opfer von Gewalt geworden sind. An Gesamt- und Hauptschulen gilt das für sage und schreibe jedes dritte (!) Kind, im Gesamtdurchschnitt für jedes vierte. Das sind erschreckende und alarmierende Zahlen zugleich. Schließlich ist Schule die einzige Institution, die annähernd alle Kinder und Jugendlichen begleitet und somit spielt sich genau hier deren alltägliche Realität ab. Und infolge des Ganztagsschulkonzeptes und im Rahmen von für viele Familien notwendigen Betreuungsprogrammen verbringen viele Kinder die meiste Zeit des Tages ebendort. Wenn das Individuum sich dann unter permanentem Stress infolge eines Gefühls der Unsicherheit dort aufhalten muss, dann können, je nach Schweregrad müssen die Folgen fatal sein. Diese können sich in Verhaltensauffälligkeiten, Lernschwierigkeiten, seelischen und körperlichen Erkrankungen bis hin zu einer konkreten suizidalen Gefährdung äußern.

Selbstverständlich gehören Konflikte zwischen Schülern zum schulischen Alltag und müssen bis zu einem gewissen Grad geführt und somit auch ausgehalten werden. Aber die Institution Schule steht auch in der Verantwortung, deren Eskalation zu vermeiden. Die Schule muss ein Ort sein, an dem sich Schüler sicher fühlen, da sie sich unter diesen Umständen weiterentwickeln und jene verschiedenartigen Kompetenzen erwerben können, die sie in der „wahren Welt" dann irgendwann einmal benötigen.

Demzufolge ergibt sich hieraus eine konkrete Schnittmenge, eine große Chance im Hinblick auf die Kampfkunst Taekwondo. Denn wie gezeigt werden konnte, eignet sich diese hervorragend, um Selbstbewusstsein zu generieren. Und genau dieses Selbstbewusstsein ermöglicht dem Einzelnen, besser mit den oben angesprochenen Situationen umzugehen, was wiederum in letzter Konsequenz zu einem gesteigerten Sicherheitsgefühl an der Institution Schule führen würde.

Grundsätzlich leben wir in einer durch Schnelllebigkeit und rasante Veränderungen geprägten Zeit mit gravierenden Einflüssen auf unsere Gesellschaft. Wir erleben unter anderem Pluralisierung und Individualisierung von Lebenssituationen, steigenden Leistungsdruck, gesellschaftliche Differenzierung nach sozialem Status und einen immer deutlicher werdenden Werteverfall. Dabei sind es aber gerade diese Normen und Werte, die das Grundgerüst darstellen, an dem sich Kinder und Jugendliche orientieren müssen.

Der organisierte (Vereins-)Sport kann einen wesentlichen Beitrag zur Ausbildung entsprechender Werte leisten, neben der Familie und den üblichen Erziehungs- und Bildungsinstitutionen. Dies erscheint umso wichtiger, als dass die Familie mittlerweile oftmals oder zumindest teilweise ihre Stellung als wichtigste Sozialisationsinstanz verloren hat oder dies aufgrund von gewissen gesellschaftlichen und/oder sozialen Faktoren nicht mehr in ausreichendem Maße erfüllen kann. Umso wichtiger erscheint hier die Möglichkeit, die einem Sportverein diesbezüglich innewohnt.

Heute gibt es eine immer größer werdende Auswahl an Sport- und Vergnügungs- beziehungsweise Freizeitaktivitäten. Immer neue Trendsportarten erfreuen sich zumindest temporär enormer Beliebtheit und laufen dementsprechend den arrivierten Sportarten den Rang ab. Der Zeitgeist entspricht immer weniger dem Gedanken, sich auf etwas, auf eine Sportart wirklich einzulassen, sich auf diese festzulegen und diese dauerhaft zu trainieren. Im Allgemeinen scheinen der Wille und die Begeisterung, sich körperlich fordernd zu bewegen, immer geringer zu werden. Die Überwindung des sogenannten „inneren Schweinehundes" scheint für viele Kinder und Jugendliche immer schwerer und sogar unnötig. In Zeiten von Spielekonsolen, Fernsehen und e-Sports erscheint es für viele Heranwachsende wesentlich einfacher und damit folglich attraktiver, sportliche Freizeitaktivitäten nachzuahmen. Vor diesem Hintergrund erscheint es dementsprechend umso wichtiger, Sport verstärkt an die Schulen zu bringen und die Schüler von ihm zu überzeugen und für ihn zu begeistern.

Seit 2006 läuft das Projekt der DTU „Taekwondo als Schulsport". Es sollte Taekwondo bundesweit vereinheitlichen und gezielt an die Schulen bringen. Es sollen Übungen ohne direkten Körperkontakt sein sowie ein erster Einblick in die philosophischen Elemente gegeben werden. Bis zum grünen Gürtel können auch Gürtelprüfungen durch den Taekwondo-Lehrer abgenommen werden. Taekwondo soll den Schülern ein neues Lernfeld eröffnen und neue, zumeist noch unbekannte Sinnperspektiven auf den Ebenen Leistung und Vergleich, Ästhetik, Gemeinschaftserleben sowie Risiko und Spannung ermöglichen. Dies kann durch den Freikampf ohne Kontakt, den Formenlauf, den Ein-Schritt-Kampf und auch durch jeweilige Partnerübungen geschehen und erreicht werden. Darüber hinaus soll natürlich der Gesundheitsförderung eine hohe Bedeutung zugesprochen werden.

Das diesbezüglich von der DTU erarbeitete Schulsportkonzept legt das Augenmerk auf die konditionellen, koordinativen und motorischen Entwicklungsmöglichkeiten. Im Vordergrund stehen ebenso Selbstverteidigungstechniken und Selbstbehauptungsübungen, wie auch die Philosophie und die Wertevermittlung.

Hierzu formulierte die DTU konkrete Lernziele. Als motorische Lernziele beschreibt das Konzept die Verbesserung der Schnellkraft- und Kraftausdauerfähigkeiten, der Reaktionsschnelligkeit und allgemeinen koordinativen Fähigkeiten.

Des Weiteren gehören die Selbst- und Fremdwahrnehmung von Kräften und der Umgang mit diesen, das Ausweichen vor Angriffen, schmerz- und verletzungsfreies Abrollen beziehungsweise Fallen, die Anwendung effektiver Selbstverteidigungstechniken und das Ausführen von kontrollierten Angriffstechniken sowie die Distanzkontrolle und Präzision zu den motorischen Lernzielen. Im Hinblick auf die Selbstverteidigung sind Deeskalationsstrategien und Selbstbehauptungsübungen zielführend eingeschlossen.

Als kognitive Lernziele benennt das Konzept die anspruchsvollen Bewegungsabläufe des Formenlaufs sowie des Ein-Schritt-Kampfes. Letzterer fördert auch die Kreativität, sobald der Aktive über ein gewisses Maß an verschiedenen Techniken verfügt und diese in selbst entwickelte Kombinationen umsetzt. Sonstige kognitive Lernziele sind das Beobachten eigener und fremder Bewegungsabläufe, deren Beschreibung und auch deren Korrektur. Regeln erarbeiten und einhalten, die Reflexion der Inhalte des Notwehrparagrafen und die Entwicklung einer effektiven, sachgerechten und der Situation angemessenen Selbstverteidigung runden den Bereich der kognitiven Lernziele ab.

Auf sozialaffektier Ebene stellen gegenseitige Rücksichtnahme, die Entwicklung von Vertrauen und die Übernahme von Verantwortung wie auch die Ausbildung kooperativen Verhaltens wesentliche Lernziele dar.

Die DTU legt fest, dass einzig qualifizierte Lehrkräfte mit einer durch die DTU selbst zertifizierten Ausbildung Taekwondo an Schule unterrichten dürfen. Dies verdeutlicht auch den hohen Stellenwert des Trainers, der als wesentlicher und entscheidender Einflussfaktor auf das Gelingen beziehungsweise das Erreichen der formulierten Lernziele verstanden werden muss.

Die materiellen Voraussetzungen sind nicht allzu groß und durch die Schule relativ einfach umzusetzen. Sicherlich wäre auch eine Kooperation zwischen Schule und Taekwondo-Verein denkbar und selbstverständlich wünschenswert.

Zusammenfassend sei betont, dass Taekwondo insbesondere für junge Menschen einen wertvollen Beitrag bezüglich ihres schulischen Vorankommens leisten kann. Aspekte wie die Erhöhung der allgemeinen Lernmoral sowie die verbesserte Einhaltung von Schulregeln einerseits oder aber die Erhöhung selektiver Aufnahme (etwa für Schülerinnen und Schüler mit AD(H)S als nichtmedikamentöse Therapieform) andererseits machen den besonderen Wert der Kampfkunst offensichtlich.

Kapitel 6.3 – Gewaltprävention

In den letzten Jahren hat das Problem Gewalt weltweit und somit auch in Deutschland stetig zugenommen. Die Schwelle zur Androhung, Darstellung und Ausübung von Gewalt ist dramatisch gesunken, deren Akzeptanz und ihre Legitimation sind ebenso deutlich gestiegen. Gewalt ist oftmals legitimes Instrument zur Problemlösung, und dies bis auf politisch höchster Ebene. Dementsprechend haben auch bei Kindern und Jugendlichen vom Kindergarten bis zur weiterführenden Schule die Aggressionsbereitschaft, deren Häufigkeit und Legitimation signifikant zugenommen.

Neben diesen aktuellen Tendenzen haben sich Wissenschaft und Forschung schon früh und in nachvollziehbarer Weise für einen möglichen Zusammenhang zwischen Kampfsport/-kunst und Aggression interessiert. Dies wurde zunächst vor allem in Verbindung mit der Kampfkunst Karate erforscht. Da ein konkreter Zusammenhang beziehungsweise Einfluss auf das Taekwondo zuvor schon verdeutlicht werden konnte und auch deutliche Parallelen genereller Art bestehen, kann man sicherlich von einer grundlegenden Übertragbarkeit dieser Ergebnisse ausgehen. Seit den 1990er Jahren wird hierzu explizit die Kampfkunst Taekwondo thematisiert und wissenschaftlich untersucht.

Seit den 1950er/60er Jahren hat sich also ein Forschungsfeld aufgetan, welches verschiedene Aspekte der menschlichen Psyche in seinen Mittelpunkt gerückt und in den fraglichen Kontext gestellt hat. Hierbei fokussierte man sich in einzelnen Arbeiten auf Aspekte wie Selbstbewusstsein, Selbsteinschätzung, den Bedarf an Beistand, die Abwertung durch andere, die eigene Beratungsbereitschaft, Angst und Feindseligkeit, das eigene Wohlbefinden, Konzentration, Entspannung, Zutrauen und Selbstkontrolle. Der Grundtenor der Studien kann so zusammengefasst werden, dass eine positive Wirkung auf ein Aggressionspotenzial sich mit der Ausübungsdauer der Kampfkunst signifikant verstärkt. Das heißt also, je länger und somit auch intensiver ein Individuum der Kampfkunst nachgeht, desto positiver ist die zu erwartende und daraus resultierende Wirkung.

Die „typische" Jugendgewalt, die Kinder und Jugendliche anwenden beziehungsweise dieser sie ausgesetzt sind, findet innerhalb und außerhalb der Familien sowie der erzieherischen und bildenden Institutionen statt. Das Spektrum der Gewalt ist vielfältig und reicht über Mobbing (verstärkt auch über die sozialen Medien), Sachbeschädigung, Abzocke, verbale und körperliche Aggression; Grenzen sind der „Kreativität" hierbei keine gesetzt.

Zwar mag es auf den ersten Blick paradox klingen, dass gerade ein Kampfsport zu Gewaltfreiheit führt, aber dies haben diverse Studien einwandfrei belegt. Wenn man einmal als Grundvoraussetzung annimmt, dass der Übungsleiter selbst pädagogisch kompetent ist und in den Trainingseinheiten alles nach den gesetzten Regeln und gerecht abläuft, können die Lernenden in diesem Rahmen umfangreich profitieren. Innerhalb einer klar strukturierten Trainingssituation erlernen die Kinder und Jugendlichen den Umgang mit der eigenen Aggression, steigern durch Erfolg ihr Selbstbewusstsein, erleben gleichermaßen Selbstwirksamkeit, was in Kombination ebenso frustbewältigend und -verringernd wirkt.

Insbesondere muss das für das traditionelle Taekwondo gelten, bei dem es, gemäß dem Do, nicht um den Sieg gegen einen (sportlichen) Gegner, sondern den Sieg über sich selbst geht.

Die für das Taekwondo grundlegenden Prinzipien, wie in diesem Zusammenhang Respekt und Fairness, können durch ein konsequentes Er- und Vorleben in die Verhaltensmuster der Heranwachsenden übernommen werden. Somit kann Taekwondo ein wichtiges Instrument im Sinne einer Erziehung zu gewaltfreiem Verhalten darstellen.

Hierbei kann sich die traditionelle Kampfkunst auf verschiedenartige Weise positiv auf die Persönlichkeitsmerkmale des Individuums auswirken, wobei dies in hoher Abhängigkeit von dem Kampfkunstlehrer, also dem Meister steht.

Interessanterweise ergab eine Studie zum Aggressionsverhalten Jugendlicher, dass eine Korrelation zwischen der Neigung zu Gewalt und der Intensität sowie der Dauer des Kampfkunsttrainings sowie dem Graduierungsgrad besteht. So zeigten einerseits Jugendliche, unabhängig vom Geschlecht, eine geringere Neigung zu Gewalt beziehungsweise offenes Zeigen von Aggression in Abhängigkeit von der Dauer und Intensität des Trainings. Je intensiver das Training, desto geringer ausgeprägt waren negative Aspekte. Ähnliches konnte von fortgeschrittenen Sportlern berichtet werden, die über einen längeren Zeitraum mit dem Training ausgesetzt hatten. Diese Personengruppe zeigte deutliche Auswirkungen, ebenfalls geschlechtsunabhängig, in gesteigertem Ärger, depressiven Verstimmungen, negativem Affekt, empfundener Anspannung und ebensolchen Stimmungsschwankungen. Kongruente Ergebnisse ergaben sich hinsichtlich des Graduierungsgrades. Je höher ein Taekwondoin graduiert war, desto geringer erschien die Gewaltbereitschaft.

Grundlegend haben diverse Studien ergeben, dass das kontinuierliche und intensive Training der Kampfkunst zu einer Abnahme von Angst und somit zu einer allgemein größeren Gelassenheit führt. Das Individuum vermindert externe Attributionen, das heißt, es geht verstärkt davon aus, dass beispielsweise Erfolg in der eigenen Person, ihren Eigenschaften, Bemühungen oder Fähigkeiten begründet sind. Auch verstärkt sich die internale Kontrollüberzeugung, was jenes Ausmaß beschreibt, in dem ein Mensch überzeugt ist, Ereignisse kontrollieren zu können und diese als Konsequenz seines eigenen Verhaltens erlebt. Wesentlich sind auch eine deutliche Verbesserung des Selbstwertgefühls, des Selbstvertrauens, des Selbstbildes, der Selbsteinschätzung sowie des Selbstkonzeptes. Letzteres beschreibt das Ausmaß, in dem ein Mensch davon überzeugt ist, Ereignisse kontrollieren zu können und diese als Konsequenz seines eigenen Verhaltens zu erleben. Unter Selbstkonzept ist also eine interne Regulationsinstanz für Gedanken, Gefühle und Handlungen zu verstehen. Folglich führt ein positives Selbstkonzept auch zu einer größeren emotionalen Stabilität, einer gestiegenen Autonomie und Unabhängigkeit. Dies erleichtert den Erwerb von problem- und emotionsfokussierten Bewältigungsstrategien, welche sicherlich zu einer Abnahme von verbalen und körperlichen Aggressionen und gewalttätigen Konfrontationen führen werden. Eine grundlegend gestiegene Anpassungsfähigkeit und Toleranz durch die Verbesserung der sozialen Bezogenheit und der sozialen Orientierung sind ebenso zu beobachten. Wenn diese mit einer oftmals beschriebenen erhöhten Zielgerichtetheit, entsprechendem Durchsetzungsvermögen und Wehrhaftigkeit einhergehen, so erfährt das Individuum auch eine signifikant erhöhte Bereitschaft, Zivilcourage zu zeigen. Es entwickelt also ein höheres Maß an Willen, in der Öffentlichkeit ein reales oder subjektiv wahrgenommenes Machtungleichgewicht zuungunsten einer Person (oder Personengruppe) auflösen zu wollen, obwohl der Erfolg des zivilcouragierten Handelns unsicher ist und sogar eigene Nachteile potenziell zu erwarten sind.

Der Erwerb dieser oder einzelner positiver Persönlichkeitsmerkmale ist natürlich in hohem Maße von den jeweiligen individuellen Merkmalen des Kampfsporttreibenden abhängig. Eine existenzielle Bedeutung kommt darüber hinaus dem Lehrer/Meister zu, da dieser die Werte der Kampfkunst selbst internalisiert haben muss, diese entsprechend vorleben und dann anschließend noch pädagogisch wertvoll vermitteln können muss. Dann kann Taekwondo die Wahrnehmung und den sachgerechten Umgang mit der eigenen Befindlichkeit und den eigenen Aggressionen ermöglichen. Dies mündet schließlich in der Überzeugung, dass Friedfertigkeit ein hohes persönliches und gesamtgesellschaftliches Gut ist, für das es sich einzusetzen lohnt.

Zusammenfassend ist es eine Vielzahl an positiven Folgeerscheinungen im Sinne signifikanter Effekte, die das Individuum positiv beeinflussen, hierdurch gewaltpräventiv wirken und folglich die Kampfkunst so wertvoll machen:

- Minderung von Angst
- Gesteigertes Durchsetzungsvermögen
- Stärkere Unabhängigkeit und Autonomie
- Fähigkeit von Kontrolle, Verbesserung der Selbstkontrolle, weniger als verletzend empfundene Gefühle
- Stärkeres Selbstbewusstsein, Selbstkonzept, Selbstbild und erhöhtes Kompetenzgefühl
- Erhöhte soziale Betroffenheit, soziale Orientierung, Fähigkeit zu Toleranz, höhere Anpassungsbereitschaft
- Verminderte Aggression und Aggressionsverhalten, Abnahme verbaler und körperlicher Gewalt
- Erwerb problem- und emotionsfokussierter Bewältigungsstrategien

- Verminderung externer Attributionen, also der Zuschreibung von Ursachen für Handlungen und Verhaltensweisen von außen und nicht von sich selbst

Allgemein lassen die Ergebnisse der Forschung darauf schließen, dass Taekwondo eine enthusiastische, optimistische und selbstbewusste Persönlichkeit fördert. Das Individuum ist folglich in der Lage, mittels des Trainings Bewältigungsstrategien für Stress zu entwickeln und dadurch positives Wohlbefinden zu erreichen. Dementsprechend bewirkt dies einen signifikanten Trend des Rückgangs der Aggression mit fortschreitendem Training.

Selbst wenn Studien davon ausgehen, dass Ärger und Aggressionen nicht durch Stellvertreterhandlungen abgebaut werden und somit der Sport als eine Art kathartische Befreiung von Feindseligkeit nicht geeignet ist, so lässt sich die Kampfkunst Taekwondo nicht minder als Weg verstehen, welcher durch sein auf Normen und Werte basierendes Training dem Einzelnen ermöglicht, Gewaltbereitschaft zu verringern. Dies wird in erster Linie durch drei wesentliche Aspekte erreicht: den Aufbau eines Gefühls von Sicherheit und Überlegenheit; die Lernerkenntnis, Gefühle und Verhalten kontrollieren zu können; und schließlich die ausgebildete Überzeugung, Verantwortung und Bewusstsein für die eigenen Handlungsfolgen zu tragen. Die Kampfkunst lehrt, dass Angst gar nicht mehr aufkommt und man durch das gesteigerte Selbstbewusstsein Provokationen und Ärgernissen jeglicher Art gelassener und gewaltlos gegenübertreten kann. In letzter Konsequenz scheint sogar kein Bedarf mehr an Selbstkontrolle zu bestehen, da das Bedürfnis, auf irgendeine Art zu reagieren, nicht mehr vorhanden sei. Das Ergebnis wäre somit ein in sich ruhender Mensch.

Diese als relative psychische Gesundheit zu verstehende Dimension wäre ihrerseits sicherlich auch Grundvoraussetzung für einen körperlich gesunden Menschen, kann man doch davon ausgehen, dass eine gesunde Seele einen immens großen Einfluss auf Erkrankungsrisiken und Heilungsverläufe hat. Studien offenbaren mittlerweile verblüffende Verbindungen zwischen Körper und Psyche: Nicht nur seelisches Leid kann der Gesundheit schaden, auch der Körper steuert umgekehrt unsere Gefühle, wonach diese Verbindung also als wechselseitig zu verstehen ist. Im Folgenden sollen einzelne gesundheitliche Vorzüge des Taekwondo exemplarisch dargestellt werden.

Kapitel 6.4 – Gesundheitliche Aspekte

Grundsätzlich gilt, dass Kinder und Jugendliche, aber auch Erwachsene zu wenig und leider auch immer weniger Sport treiben beziehungsweise körperlich aktiv sind. Laut einem Report der Deutschen Krankenkassen haben im Jahr 2010 noch 60 % der Deutschen den Richtwert für körperliche Aktivität erreicht. Aktuell sind dies nur noch wenig mehr als 40 %.

Dies hat verschiedenste Gründe und unter anderem etwas mit verändertem Freizeitverhalten wie auch geänderten beruflichen Anforderungen zu tun. Folge sind die sogenannten Zivilisationskrankheiten mit diversen negativen gesundheitlichen Effekten, die nur durch ein sehr hohes Maß an körperlicher Aktivität wieder auszugleichen sind.

Demzufolge kommt einer Veränderung und Anpassung des Sport- und somit des Gesundheitsverhaltens eine hohe Bedeutung zu. Die Weichen diesbezüglich werden schon früh gestellt, nämlich im Kindes- und Jugendalter. Folglich kommt den Kindergärten und Schulen in Verbindung mit den Sportvereinen eine entscheidende Rolle zu. Denn für die Gesundheit der Bevölkerung ist es tatsächlich von entscheidender Bedeutung, dass Kinder schon in frühen Jahren eine gesundheitsbewusste Lebensweise entwickeln. An dieser Stelle dürfen aber auch die Eltern nicht vergessen werden, da diese beispielsweise das Einkaufs- und Ernährungsverhalten ihrer Kinder als Erste und besonders nachhaltig beeinflussen und prägen.

Im Idealfall wirken alle oben genannten Protagonisten auf die jungen Menschen ein und erziehen diese zu sport- und bewegungswilligen Menschen, die sich darüber hinaus gerne gesund ernähren. Dass hierbei die teils gravierenden Unterschiede im Hinblick auf die sozioökonomischen Verhältnisse in unserer Gesellschaft einen ganz entscheidenden Einfluss auf das jeweilige Verhaltensmuster der Kinder und Jugendlichen haben, ist folgerichtig, aber nicht Bestandteil dieser Betrachtung.

Untersuchungen zu den rein körperlichen Vorzügen eines stringenten und intensiven Taekwondo-Trainings haben ergeben, dass Taekwondoin über eine stabile Muskulatur verfügen. Eine kräftige Muskulatur sowie eine dadurch stabile Statik spielen im Zusammenwirken mit einem gesunden Geist eine ganz entscheidende Rolle bezüglich unserer Gesundheit. So ist eine stabile Muskulatur Grundvoraussetzung, um Fehlhaltungen entgegenzuwirken. Wer regelmäßig Sport treibt, trainiert aber nicht nur seine Muskeln, sondern sorgt auch für stabile Knochen. Denn Knochen wird nur dann aufgebaut, wenn er durch Bewegung gefordert wird. Gerade deshalb ist es wichtig, dass Kinder und Jugendliche aktiv sind und sich so viel wie möglich bewegen. Dynamische Muskelanspannungen wie auch beim Taekwondo belasten die Knochen am stärksten. Die zunehmende Inaktivität von Kindern und Jugendlichen im Zeitalter von Multimedia, lässt folglich erhebliche Gesundheitsprobleme in den nächsten Jahrzehnten prognostizieren. Bewegungsmangel kann nicht nur zu Haltungsschäden, Störungen der Körperkoordination und unzureichendem Muskelaufbau führen, er schadet langfristig auch der Knochengesundheit. Schließlich beansprucht Taekwondo als Ganzkörpersportart sämtliche Muskeln und Gelenke im menschlichen Körper.

Daneben führt Taekwondo zu einem straffen Bindegewebe. Straffes Bindegewebe ist ein durch einen hohen Faseranteil (z. B. Kollagen) sehr widerstandsfähiges zellarmes Bindegewebe. Straffes Bindegewebe kommt unter anderem in Bändern und Sehnen, in Muskelfaszien, aber auch den Kapseln innerer Organe vor. Mit einem aktiven Lebensstil bleibt das Bindegewebe lange straff. Neben einer gesunden Ernährung aber braucht das Bindegewebe Aktivität, damit es möglichst lange elastisch bleibt.

Das regelmäßige Training begünstigt ebenso das körperliche Gleichgewicht. Der Gleichgewichtssinn setzt sich aus mehreren Einzelsinnen zusammen. Dazu gehören das Gleichgewichtsorgan – es erkennt die Richtung, aus der die Schwerkraft oder die Beschleunigung kommt – das Sehen bzw. die Wahrnehmung, wo wir uns in einem Raum befinden, der Tastsinn und das Erkennen von Tiefe. Trainiert man das Gleichgewicht, werden gleichermaßen Körperhaltung, Koordination und Konzentration verbessert. Bei entsprechenden Übungen geht es darum, die Tiefenmuskulatur insbesondere von Rücken und Rumpf zu aktivieren und zu stärken. Es gibt durchaus viele Gründe, das Gleichgewicht zu trainieren. Beispielhaft sind sicherlich ältere Menschen zu nennen, die so etwa ihr Gangbild verbessern und bei alltäglichen Bewegungen sicherer auf den Beinen erscheinen. Das sichert auch im hohen Alter noch Selbstständigkeit und Mobilität und damit mental ein Stück Lebensgefühl.

Wie andere Sportarten natürlich auch, verbessert Taekwondo deutlich die Lungenfunktion. Dies meint die physiologische Befähigung der Lunge, als Organ für den Gasaustausch bei der äußeren Atmung zu fungieren. Eine verbesserte Atemfunktion erhält und baut Kraft und Ausdauer auf. Eine durch das Training gestärkte Atemmuskulatur kann sogar dazu beitragen, die Lungenfunktion und dadurch die Lebensqualität zu verbessern. Ein trauriges Beispiel für die große Bedeutung der Atemmuskulatur sind die zwischen drei und fünf Millionen Menschen in Deutschland, die an COPD (englisch: chronic obstructive pulmonary disease) leiden, einer fortschreitenden chronisch-obstruktiven Lungenerkrankung, die zu rund 90 % durch langjähriges Rauchen verursacht wird. Die mit dieser Erkrankung einhergehende zunehmende Atemnot resultiert aus einer chronischen Entzündung und Verengung der Atemwege mit allmählichem Abbau der Lungenbläschen. Infolge der daraus resultierenden Überblähung der Lunge (Lungenemphysem) verliert das Atmungsorgan zunehmend seine

Funktion. Menschen mit COPD leiden daher unter immer größerer Atemnot – zunächst nur bei körperlicher Anstrengung, später auch im Ruhezustand. Die meisten Patienten neigen deshalb dazu, sich körperlich zu schonen. Schonung allerdings kann den Krankheitsverlauf dramatisch beschleunigen, denn je weniger ein Patient sich körperlich betätigt, desto schneller baut sich seine Muskulatur ab, und umso drastischer verringert sich seine körperliche Belastbarkeit. Dabei ist er wegen seiner Atembeschwerden besonders auf seine Muskulatur angewiesen. Mit sinkendem physischem Aktivitätslevel nimmt gleichzeitig die Lungenfunktion ab, der allgemeine Gesundheitszustand und die Lebensqualität verschlechtern sich nachhaltig.

Taekwondo wirkt sich ebenso positiv auf das Nervensystem aus. Dessen Aufgabe ist, alle möglichen Eindrücke und Einflüsse aufzunehmen und zu verarbeiten, genauso wie so elementare Dinge wie uns zu bewegen, zu laufen, zu sitzen, zu gehen und vieles mehr. Auch die Reizweiterleitung ist eine große Domäne des Nervensystems. Regelmäßiges Training lässt den Sauerstoffgehalt im Körper stark ansteigen. Dies gilt für die Muskeln genauso wie für unser Gehirn, wodurch die Denkprozesse verbessert und beschleunigt werden, wir neu Gelerntes besser merken und erinnern können und dadurch schneller lernen. Dieses gilt sowohl für körperliche als auch für intellektuelle Lerninhalte. Bewegungsabläufe fallen uns leichter und wir reagieren schneller auf unvorhergesehene Ereignisse. Vor allem dann, wenn die Disziplin anspruchsvoll und komplex ist, wie etwa beim Formenlauf, profitieren wir auch von der regenerativen Fähigkeit des Nervensystems. Ein ganzes Leben lang sind menschliche Körper in der Lage dazu, neue Nervenzellen zu bilden.

Doch kommt es nicht nur auf die Anzahl der Nervenzellen an, sondern auch darauf, wie gut diese zusammenarbeiten. Dazu ist es wichtig, dass sich so viele neue Synapsen, also Verbindungen zwischen den Nervenzellen beziehungsweise zwischen Nerven- und Sinneszellen, wie möglich bilden. Lernen wir neue Bewegungsabläufe, so bildet unser Nervensystem solche Verbindungen zwischen Nervenzellen besonders intensiv aus. Es ergeben sich im Laufe der Zeit wahre Nervennetze, die uns ein Leben lang geistig aktiv, rege und leistungsfähig halten.

Regelmäßiges Training senkt auch das Risiko für Herz-Kreislauf-Erkrankungen. Strengt man sich körperlich an, schlägt das Herz häufiger und pumpt mehr Blut pro Minute in den Körper, um ihn ausreichend mit Sauerstoff versorgen zu können. Bei Menschen, die regelmäßig Sport treiben, passt sich das Herz-Kreislauf-System an die regelmäßige Belastung an. Das Herz vergrößert sich mit der Zeit und wiegt dann nicht mehr etwa 300 Gramm wie bei Nichtsportlern, sondern sogar bis zu 500 Gramm. Das Herz eines Sportlers kann folglich mehr Blut pro Herzschlag in den Körper pumpen. Auch das Schlagvolumen des Herzens steigt bis auf das Doppelte an: Pro Minute kann das Herz eines Ausdauersportlers bei starker körperlicher Anstrengung bis zu 35 Liter durch den Körper pumpen, bei Untrainierten sind dies maximal 20 Liter. Dies führt dazu, dass Sportler bei körperlicher Belastung viel mehr Sauerstoff aufnehmen als Nichtsportler: bis zu 5,2 Liter pro Minute im Vergleich zu maximal 2,8 Liter bei Untrainierten. Sportler haben also ein größeres Herz und können dadurch pro Herzschlag mehr Sauerstoff aufnehmen. Das bedingt übrigens auch, dass das Sportlerherz in Ruhe seltener schlägt als bei Nichtsportlern:

Die Herzfrequenz von Nichtsportlern beträgt etwa 60 bis 90 Schläge pro Minute und bei Sportlern etwa 40 bis 50 Schläge pro Minute je nach Trainingszustand. Je mehr man sich bewegt, desto geringer ist das Risiko, dass man unter hohem Blutdruck, verkalkten Adern oder anderen Herz-Kreislauf-Krankheiten wie etwa Angina pectoris (sogenannte „Brustenge"; äußert sich in einem plötzlich auftretenden Schmerz in der Herzgegend sowie einem Druckgefühl in der Brust) leidet. Wenn man regelmäßig trainiert, verbessert sich durch die Sauerstoffzufuhr automatisch auch die Fließeigenschaft des Blutes. Es fließt leichter und schneller durch die Adern, das Risiko einer Thrombose (Gefäßverschluss durch ein Blutgerinnsel) sinkt. Zudem senkt man so auf einfache Weise den Cholesterinspiegel, der ein wichtiger Risikofaktor für das Entstehen von Arteriosklerose (Arterienverengung durch Ablagerungen) ist. Sport reduziert diesen Risikofaktor signifikant. Es bilden sich im Körper mehr rote Blutkörperchen, die die Organe mit Sauerstoff versorgen. Das Herz arbeitet besser und ruhiger und die Zahl der fettverbrennenden Enzyme steigt an.

Schließlich sei noch auf den positiven Effekt des Trainings auf den menschlichen Stoffwechsel verwiesen. Dieser stellt Energie im Körper bereit, die er für seine Funktionen und wichtigen Vorgänge benötigt. Ein guter Stoffwechsel versorgt jede einzelne Köperzelle mit allem, was sie braucht. Dazu gehören Energieträger, Baumaterial und Hilfsstoffe wie Vitamine, Hormone und Enzyme. Ebenso transportiert der Stoffwechsel Gifte und Abfallstoffe aus dem Körper hinaus. Treten Stoffwechselstörungen oder -erkrankungen auf, können verschiedene Organe darunter leiden. Damit alles richtig abläuft, müssen zur richtigen Zeit die notwendigen

Bausteine verfügbar sein und die zahlreichen Enzyme im Körper zusammen ihre Wirkung entfalten. Mögliche Hinweise auf Stoffwechselstörungen können zum Beispiel Übergewicht, Energielosigkeit, Verstimmungen, Konzentrationsprobleme, Verdauungsprobleme oder ein schwächelndes Immunsystem sein.

Zusammenfassend kann also gesagt werden, dass die Kampfkunst Taekwondo einen vielfältigen positiven Einfluss auf den menschlichen Organismus nimmt. Dies gilt zunächst für nicht sportartspezifische Aspekte wie Ausdauer und Kraftausdauer, die Herz-Kreislauf-Funktion oder auch Übergewicht, darüber hinaus aber in besonderem Maße sportartspezifisch bezüglich der Sensomotorik, des Balancegefühls, der Skelettmuskelmasse und Beweglichkeit, was sich grundlegend in einer Minderung der alltäglichen Verletzungsanfälligkeit äußert. Wichtig erscheint hierbei natürlich, dass der Trainierende ausreichende Erholungsphasen einhält und sich nicht überfordert. Folglich sollte das Training verständlicherweise stets an das Alter beziehungsweise allgemein das Leistungsniveau des Trainierenden angepasst sein. Im Falle von Verletzungen sollte dringend eine ausreichend lange Rekonvaleszenzzeit eingeplant und eingehalten werden. Somit erscheint eine fast lebenslange Ausübung der Kampfkunst möglich, die sowohl die physische als auch psychische Gesundheit stärkt. Diese Angaben beziehen sich grundlegend auf Aktive im Breitensport und nicht explizit auf Wettkämpfer beziehungsweise (Hoch-)Leistungssportler, da für diese mit zunehmender Intensität und Spezialisierung auf den Wettkampf andere Anforderungen an den Körper und das Training gestellt werden und sich logischerweise auch anders auf den Organismus auswirken, die aber hier nicht zu betrachten sind.

Einige Studien haben mittlerweile ergeben, dass Sport auch bei schweren Erkrankungen als Therapiefaktor bedeutsam sein kann. Führende Krebsforscher sind zu der Erkenntnis gelangt, dass Sport die Lebensqualität von Krebspatienten nachhaltig verbessert. Dies gilt beispielsweise für Betroffene, die unter dem sogenannten Fatigue-Syndrom als Begleiterscheinung etwa von Brustkrebs leiden. Dieses Syndrom bezeichnet ein Gefühl von andauernder Müdigkeit und Antriebslosigkeit, lässt sich auch durch viel Schlaf nicht beseitigen und beeinträchtigt folglich das Leben der Betroffen in hohem Maße und nachhaltig. Gerade beim Fatigue-Syndrom hilft bis dato kein Medikament so gut wie der frühzeitige Beginn sportlicher Aktivität. Körperliche Aktivität und Sport stellen hier eine effektive Möglichkeit für die Patienten dar, das Syndrom zu lindern oder aufzuhalten. Selbstverständlich ist diesbezüglich kein Hochleistungssport gemeint, aber im besten Fall wird eine schon vor der Erkrankung ausgeübte Sportart direkt weitergeführt, und zwar individuell auf den jeweiligen Leistungsstand ausgerichtet und ebenso entsprechend dosiert. Selbst Erkrankte, die vor ihrer Erkrankung keinerlei Sport betrieben haben, sollten nun ein sportlich aktives, an das individuelle Leistungsvermögen angepasstes Leben beginnen.

Erste Untersuchungen, unter anderem von der Deutschen Sporthochschule, weisen darauf hin, dass Sport auch ein wichtiger Bestandteil der Therapie für Parkinson-Erkrankte ist und sogar sein muss. Es hat sich gezeigt, dass Sport regelrecht als Medizin wirken kann, und dies wohl nicht nur im Hinblick auf Motorsymptome der Parkinson-Patienten, sondern auch positive Effekte auf die nichtmotorischen nehmen kann, also die Kognition. Unstrittig ist zumindest, dass Sport die kognitive Leistungsfähigkeit bei älteren Menschen verbessert beziehungsweise aufrechterhält. Des Weiteren schlussfolgern die Wissenschaftler, dass Sport grundsätzlich zu einer Verbesserung der kognitiven Leistungsfähigkeit bei Parkinson-Erkrankten führt.

Die positiven Effekte des Taekwondo auf den menschlichen Körper sind, wie gezeigt werden konnte, also sehr vielfältig. Im Folgenden sollen auch psychische Aspekte angesprochen werden, die schon in Bezug auf schulische Aspekte angedeutet wurden.

Empirische Untersuchungen haben aufgezeigt, dass insbesondere traditionelle Kampfkünste wie das Taekwondo durch ihre ritualisierten, emotionskontrollierenden und wertvermittelnden Übungsformen positive psychosoziale Veränderungen bewirken. Sie führen zu einer Steigerung des Selbstbewusstseins und wirken sich aggressionsvermindernd aus, womit auch eine Verringerung der Gewaltbereitschaft einhergeht.

Ähnliches gilt für die wahrgenommene Selbstwirksamkeit, also die persönliche Einschätzung der Wahrscheinlichkeit, die eigenen Fähigkeiten in einer Situation beziehungsweise bei einer Aufgabe abrufen und einsetzen zu können. Eigenschaften wie Selbstvertrauen, Zuversicht und Ruhe triumphieren sozusagen über negative Empfindungen wie Ängstlichkeit und Ärger, die Selbstwirksamkeit wird folglich gesteigert. Dies ermöglicht einen deutlich effektiveren und leichteren Umgang mit alltäglichen Frustrationen, aber eben auch mit Konflikten und persönlichen Angriffen. Schlussfolgernd kann also Taekwondo einen wichtigen Beitrag dazu leisten, Veränderungen auf der kognitiven wie der Verhaltensebene herbeizuführen.

Sehr interessante und wirklich erstaunliche Ergebnisse hat auch eine Langzeitstudie ergeben, die über den Zeitraum von 40 Jahren (1955-1995) gelaufen ist. Diese Studie ging der Frage nach, unter welchen Umständen sogenannte Risikokinder, das heißt Kinder aus sehr schwierigen Familienverhältnissen, mit geburtsbedingten Komplikationen oder etwa in chronischer Armut lebend, zu leistungsfähigen, zuversichtlichen und fürsorglichen Erwachsenen werden. Grundvoraussetzung hierzu war ein hohes Maß an Resilienz, also ein hohes Maß an seelischer Widerstandsfähigkeit. Natürlich gibt es eine Vielzahl an unveränderbaren Resilienzfaktoren, aber Taekwondo beeinflusst mannigfache veränderbare Resilienzfaktoren eindeutig positiv. Somit erwerben Kinder und Jugendliche durch die Kampfkunst Eigenschaften, die sie in der Interaktion mit der Umwelt sowie durch die erfolgreiche Bewältigung von altersspezifischen Entwicklungsaufgaben beziehen. Diese Faktoren spielen bei der Bewältigung von Lebensaufgaben eine besondere Rolle.

Positive psychische Effekte konnten tatsächlich diejenigen Kinder erwerben, die auf verschiedene Schutzfaktoren zurückgreifen konnten. Neben weiteren Schutzfaktoren sind es vor allem drei, die auch durch das Taekwondo geboten werden. Denn Taekwondo ist eine Tätigkeit, die durch sportlichen Fortschritt, die Bewältigung frustrierender Situationen, das vereinende Gemeinschaftsgefühl oder auch die Gleichheit der Aktiven im Dojang das Selbstwertgefühl wie auch das Selbstvertrauen verbessert. Und erneut kommt auch hier dem Trainer und/oder anderen kompetenten Bezugspersonen ein hoher Stellenwert zu, der oder die auch als Ersatz für Familienmitglieder stabilen Halt geben kann/können. Somit kann die Kampfkunst einen wichtigen Beitrag zur seelischen Gesundheit eines Menschen leisten.

Auch im Hinblick auf eine neue Volkskrankheit kommt Sport im Allgemeinen und Taekwondo im Speziellen eine bedeutende Rolle zu.

Eine aktuelle internationale Großstudie zum Thema Depression konnte eindrucksvolle Ergebnisse liefern. Bei dieser ersten weltweiten Metaanalyse zu diesem so wichtigen Thema wurden über eine Viertelmillion Menschen befragt und entsprechende Daten erhoben. Die Auswertung der Daten belegt, dass Personen, die sich weniger bewegten, ein signifikant größeres Risiko hatten, eine Depression zu entwickeln als Personen, die eine rege körperliche Aktivität aufwiesen. Und dies gilt alters- und kontinentübergreifend.

Von welcher Bedeutung diese Studie sind, auf deren Grundlage angemessene Richtlinien einzuführen sind, zeigt ein kurzer Blick auf die nackten Zahlen. Laut Weltgesundheitsorganisation waren im Jahr 2015 weltweit rund 322 Millionen Menschen von Depressionen betroffen, was circa 4,4 % der Weltbevölkerung entsprach und erschreckende 18 % mehr sind als noch zehn Jahre zuvor. Für Deutschland sieht es sogar noch etwas dramatischer aus. Landesweit geht man von 5,2 % der deutschen Bevölkerung aus, also rund 4,1 Millionen, die unter behandlungswürdigen Depressionen leiden. Dies nimmt die Stiftung Deutsche Depressionshilfe zum Anlass, von einer Volkskrankheit zu sprechen. Die oben angeführte Studie belegt, welche große Bedeutung dem Sport und somit auch dem Taekwondo im Hinblick auf entsprechende Prävention zukommen.

Abschließend soll noch der Frage nach einer konkreten Umsetzung nachgegangen werden. Hierzu sei exemplarisch auf zwei Aspekte hingewiesen, die über die oben beschriebenen Vorzüge der ritualisierten, emotionskontrollierenden und wertvermittelnden Übungsformen des traditionellen Taekwondo hinausgehen.

Einleitend wurde schon darauf hingewiesen, dass die richtige Atmung ein ganz wesentlicher Teil und sogar notwendige Grundlage einer richtig ausgeführten Technik ist. Hierbei geht es um eine tiefe Bauchatmung, die als koreanische Spezialität gilt, die sogenannte Danjeon-Atmung. Studien haben ergeben, dass diese Danjeon-Atmung gesundheitliche Beschwerden wie etwa Bluthochdruck, Angstzustände und sogar Depressionen lindern kann.

In sportlicher Hinsicht hilft Danjeon, Körper und Geist in Einklang zu bringen und somit die erforderliche Energie im entscheidenden Moment zu konzentrieren. Das Taekwondo bedient sich dieser Atemtechnik unter anderem beim Kampfschrei, der immer mit diesem bewussten Ausatmen verbunden sein soll.

Darüber hinaus erweist sich Danjeon auch in ganz alltäglichen Situationen als Hilfe. Jeder Mensch wird sich in seinem Alltag immer wieder in Situationen wiederfinden, die für ihn Stress bedeuten, ihm sogar gegebenenfalls Angst bereiten. Eine bewusste Atmung im Sinne Danjeons kann sich in solchen Situationen sehr positiv auf das Nervensystem auswirken und somit helfen, diese Situationen besser zu meistern.

Schlussendlich sei noch auf eine Technik verwiesen, die in vielen asiatischen Kulturen seit Jahrhunderten eine Selbstverständlichkeit ist und mittlerweile in viele Kampfkunstschulen regelmäßig in deren Trainingsablauf aufgenommen wird, die Meditation.

Diese Entspannungs-, Aufmerksamkeits-, Achtsamkeits- und Konzentrationsübungen sind eine Form der intensiven Körperschulung und folglich auch für den Taekwondoin in allen Facetten seiner Kampfkunst von entscheidender Bedeutung. Ein gelungener Kyokpa, eine perfekt gelaufene Poomsae, ein erfolgreicher Kyorugi sind alle ohne eine entsprechende Konzentration und Fokussierung auf den Moment undenkbar. All dies kann durch regelmäßige Meditationsübungen unterstützt werden.

Darüber hinaus haben Studien längst bewiesen, dass ebensolche Techniken ganz allgemein das Wohlbefinden des Menschen positiv beeinflussen und die subjektiv empfundene Lebensfreude und -zufriedenheit erhöhen. Dies wiederum führt zu weniger negativen und depressiven Stimmungen, was sich vielfältig positiv auf den Alltag des Individuums und sogar der Gruppe auswirken kann, etwa in Form eines durch zum Beispiel reduzierten Stress besseren Sozialverhaltens des Einzelnen. Aber auch konkrete körperliche Beschwerden wie zum Beispiel chronische Rückenschmerzen, Migräne, Herz-Kreislauf-Erkrankungen und auch Drogen- und Arzneimittelmissbrauch konnten durch entsprechende Meditationstechniken gelindert beziehungsweise positiv beeinflusst werden.

Zunehmender Stress ist für die Mehrheit der Menschen in unserer Gesellschaft mittlerweile ein großes Problem und beeinträchtigt viele nachhaltig. Ein oftmals stetig wachsender Druck, zumindest ein ebensolches Empfinden, erzeugt bei vielen Mitmenschen ein Gefühl der permanenten Überforderung und Überbelastung. Ohne den entsprechenden Ausgleich, etwa durch körperliche Betätigung, setzt dies den Betroffenen auch nachhaltig körperlich zu. Grundlegend ist Stress als solcher nichts anderes als eine Warnung des Körpers von übermäßiger Belastung und somit durchaus sinnvoll. Er führt zu einer Schärfung der Sinne und Fokussierung der Wahrnehmung, die Leistungsbereitschaft wird erhöht. Problematisch wird es aber ab dem Zeitpunkt, an dem der Stress zu lange anhält und/oder nicht für den notwendigen Ausgleich gesorgt werden kann. Dann kommt es auf körperlicher Ebene unter anderem zur erhöhten Ausschüttung von Hormonen, einem anhaltend gesteigerten Puls, einer erhöhten Produktion von roten Blutkörperchen und Fetten. Darauf beruhen oftmals Konzentrations- und Schlafstörungen, Dauermüdigkeit oder auch psychisch bedingte Magen-Darm-Probleme. Schlimmstenfalls kann dies sogar zu Bluthochdruck bis hin zu Herz- beziehungsweise Gehirninfarkten führen.

Dies zeigt, dass der Einbau entsprechender Meditationsübungen in das Taekwondo neben dem rein sportlichen Wert auch einen ganzheitlichen Effekt in sich birgt, von dem der Mensch nur profitieren kann.

Aus gesundheitlicher Perspektive sei noch ein Bereich angesprochen, der in den letzten Jahren in der Sport- und Trainingslehre sehr kontrovers diskutiert wurde, das Beweglichkeitstraining. Befürworter der Dehnübungen sehen in ihm oft als ein Allheilmittel, das stets seinen Zweck erfüllen kann. Kritiker stellen jedoch die positiven Wirkungen vor allem und verstärkt für Schnellkraftsportarten infrage. Relative Einigkeit erzielte man diesbezüglich immer dann, wenn man zielgruppenspezifische Aussagen und Empfehlungen für die jeweilige Sportart formulierte und auch eine differenzierte Anwendung ermöglichte.

Um eine Bewegung ausführen zu können, ist grundsätzlich das Zusammenspiel gegensätzlich wirkender Muskeln notwendig. Ein Muskel arbeitet bei einer Bewegung niemals allein. Der sogenannte Agonist führt eine Bewegung aus, während der Antagonist dafür sorgt, dass die Bewegung in Gegenrichtung erfolgen kann. Beugt zum Beispiel der Bizeps den Unterarm im Ellenbogen, so muss gleichzeitig der Gegenspieler, der Trizeps, gedehnt werden. Soll der Unterarm wieder in eine gerade Position gebracht werden, geht es entsprechend umgekehrt.

Für Kampfkünstler/-sportler ist eine relative hohe Beweglichkeit selbstverständlich von großem Vorteil. Die Erscheinungsformen der Beweglichkeit bei Fußtritten im Kampfsport sind meist aktiv-dynamischer Natur und werden wesentlich durch die Kraftfähigkeit des Agonisten einerseits und die Dehnfähigkeit des Antagonisten andererseits bestimmt. Ist einer dieser Faktoren zu schwach ausgebildet, sind schnelle und hohe Treffer zum Kopf des Gegners folglich nur bedingt möglich. Für frontale Kicks nach vorne-oben, wie etwa Ap-Chagi, sind demzufolge ein kräftiger Hüftbeuger und ein starker Beinstrecker nötig. Gleichzeitig muss der Beinbeuger besonders dehnfähig sein. Für seitwärts gerichtete Tritttechniken, Yop-Chagi, müssen die Abduktoren und die seitlichen Rumpfmuskeln über eine hohe Kraftfähigkeit verfügen und die Adduktoren müssen dehnbar sein. Ähnlich wie bei dem Geräteturnen oder der Rhythmischen Sportgymnastik stellt also neben der Kraft auch die Beweglichkeit für den Kampfsportler eine wichtige und leistungsbegrenzende Determinante dar. Die Verbesserung der maximalen Beweglichkeit, die unter anderem durch ein kurzfristiges Dehnen im Aufwärmprozess erzielt wird, bleibt jedoch nur kurzfristig erhalten und reduziert sich danach wieder vollständig. Gerade im Kampfsport erhöht sich dadurch beispielsweise die Fußtrittreichweite. Die Vergrößerung des Arbeitswinkels führt darüber hinaus zu einem optimierten Beschleunigungsweg. Gleichzeitig kann durch kurzfristiges Dehnen einer Verletzung durch explosive Bewegungen vorgebeugt werden. Richtig angewendet, beeinflusst das Dehnen die Kraftfähigkeiten nachhaltig positiv. Hinsichtlich der Kraftparameter entscheidet hierbei jedoch die Dehnmethode über entsprechende negative oder positive Effekte, was hier jedoch nicht näher erörtert werden soll. Grundsätzlich gilt nach Stand der Wissenschaft, dass das Dehnungstraining die langfristige Entwicklung der Beweglichkeit steigert.

Darüber hinaus scheint Einigkeit dahingehend zu bestehen, dass eine schnellere Erholung der durch Ermüdung verkürzten Muskulatur durch gezieltes Dehnen ermöglicht wird und die Regeneration nach Verletzungen beschleunigt werden kann. Auch muskuläre Dysbalancen, also verstärkte Muskelverkürzungen und/oder Muskelabschwächungen zwischen Agonist und Antagonist durch etwa einseitige Kraftentwicklung bei gleichzeitiger Vernachlässigung ihrer Dehnungsfähigkeit sollen verringert werden können.

Dies gilt natürlich auch für beispielsweise muskuläre Problematiken, die mit fortgeschrittenem Alter einhergehen. Geschmeidigkeit und Elastizität im Alter beugen Haltungsschäden vor, erhalten und erweitern die Mobilität, verringern das Verletzungsrisiko, halten auch subjektiv empfunden jung und steigern somit die Lebensqualität, weshalb ein entsprechendes Beweglichkeitstraining auch im fortgeschrittenen Alter wichtig erscheint. Andererseits zeigt das wiederum, dass Taekwondo bis ins hohe Alter durchgeführt werden kann.

Schließlich sei noch darauf hingewiesen, dass das Beweglichkeitstraining auch einen positiven Einfluss auf die Psyche nehmen kann. Nehmen wir diesbezüglich etwa die Faszien in den Blick, sehr widerstandsfähige und elastische Häute, die unter anderem Organe und einzelne Muskelstränge umhüllen. Diese Faszien können verkleben und verhärten, wodurch diese dann die Ursache zahlreicher Beschwerden sein können, auch solcher Beschwerden, die man auf den ersten Blick gar nicht mit den Faszien in Verbindung bringen würde. Gesunde Faszien sind dagegen sehr elastisch und machen uns flexibel und beweglich. Wenn der Mensch älter wird, aber auch beispielsweise starkem Stress ausgesetzt ist oder psychische Konflikte ungelöst bleiben, verfilzen und vertrocknen die Faszien mit den oben beschriebenen Folgen. Auch hier kann ein entsprechendes Beweglichkeitstraining helfen und unterstützen. Denn das Dehnen fördert nicht nur das Zusammenspiel einzelner Muskelgruppen, sondern auch die Gelenke können sich dadurch wieder freier bewegen. Diese neu gewonnene Flexibilität wirkt sich logischerweise auch auf die Psyche aus, da sich mit den Verspannungen oftmals gleichzeitig die inneren Blockaden lösen.

Insgesamt konnte gezeigt werden, dass Taekwondo durch seine sehr facettenreichen Inhalte in sehr verschiedenartiger und differenzierter Art und Weise die Gesundheit des Menschen positiv beeinflussen kann. Dies betrifft sowohl rein körperliche wie auch geistige Strukturen und Bereiche und kann somit als ganzheitliche Gesundheitsförderung verstanden werden.

Kapitel 6.5 – Wahrnehmung und Bereicherung

Abschließend sei noch ein Bereich im Themenkomplex des traditionellen Taekwondo als Chance für die moderne Gesellschaft angesprochen, der vor allem den Zugriff auf die subjektive Wahrnehmung derer, die Taekwondo ausüben, richtet. Die in Studien herausgearbeitete subjektive Erfahrung soll hier noch exemplarisch dargestellt werden, da sie in summa als Bereicherung des Lebens der Protagonisten und deren Lebensrealität angegeben wird. Problematisch erscheint hierbei jedoch, dass die Motivations- und Bedeutungsebene zum Teil nur schwer voneinander zu trennen sind. Auch erschwert eine Auswertung der Ergebnisse der Befragungen, die Grundlage dieser Studien waren, dass diese eindeutig davon abhängig waren, wie lange Taekwondo schon praktiziert wurde, da in der Frühphase der Ausübung zumeist eher sportliche, später dann zunehmend und verstärkt auch geistige Aspekte zentraler Bestandteil der Einschätzungen waren.

Leicht nachzuvollziehende Empfindungen vieler Befragter waren etwa Spannung (während des Trainings- und auch Prüfungsprozesses), das animierende Gefühl von Kraft und Stärke im Zusammenspiel mit Diszipliniertheit und Konzentration sowie die erworbene und erlebte Körperbeherrschung und ausgebaute körperliche Fähigkeiten, die ein Gefühl von Sicherheit und Selbstvertrauen erzeugen.

Für viele Aktive ist ein Umstand wichtig, den man gegebenenfalls als Wahrnehmbares angeben könnte, welches das Taekwondo auf eine höhere Stufe stellt als dies eine andere Sportart vermag. Vielfach wird dies als „etwas Mehr" angegeben, das hinter der rein sportlichen Ertüchtigung steht. Dies zielt auch auf die Verknüpfung und Harmonisierung von Körper und Geist ab, die geistige Fitness, die auch bis ins hohe Alter praktizierbar ist. Interessanterweise ist dies eine Erfahrung, die zumeist nicht durch eine zusätzliche Auseinandersetzung über den reinen Trainingsbetrieb hinaus erworben wird, sondern tatsächlich durch die diversen Rituale und ihre präsentative Symbolik im Trainingsbetrieb selbst vermittelt wird. Die facettenreichen Rituale, die Etikette, die Formen des Umgangs in der Gruppe sowie die eingeforderte Diszipliniertheit scheinen hier einen besonders hohen Stellenwert zu haben.

Das Zusammengehörigkeitsgefühl innerhalb der Trainingsgruppe ist auch für sich erwähnenswert. Dieses wirkt stark harmonisierend und der Anonymität entgegen. Die positive Atmosphäre im Dojang beziehungsweise während des Trainings ist vordergründig dafür verantwortlich, dass ein Wohlbefinden und somit auch geistige Entspannung eintreten. Das disziplinierte Verhalten, die Ruhe, die saubere Kleidung und der gepflegte Körper verstärken dies zusätzlich.

Die einheitliche Kleidung unterstützt hierbei die Ideologie, schafft Einheit und Konformität. Im relativ weiten Stoff des Dobok, der möglichst viel Bewegungsfreiheit erlauben soll, wird auch die Ästhetik des Körpers verdeckt oder überdeckt, wird Körperlichkeit nicht so sehr exponiert.

Einen außerordentlichen Stellenwert erfahren im fraglichen Zusammenhang die Selbstdisziplinierung und die Unterstützung von anderen Mittrainierenden. Hierdurch kann man an Körper, Geist und Verhaltensweisen Maßnahmen vollziehen, die für viele Ausübende Glück bedeuten. Einen zentralen Aspekt des Trainings muss also neben Körperkontrolle und Körperbeherrschung auch die Auseinandersetzung mit dem eigenen Verhalten in den jeweiligen Situationen darstellen. Herausforderungen, Emotionen und auch Aggressionen zu beherrschen erzeugt ein Gefühl von Sicherheit, sich von unvorhergesehenen Situationen nicht überrumpeln zu lassen, schafft Selbstbewusstsein.

Auch die Prüfungssituationen als wesentlicher Teil des Graduierungssystems der Kampfkunst können als Lebensschule verstanden werden. Die kontinuierlichen und aufeinander aufbauenden Prüfungen sind die institutionalisierte Form der Fremd- wie auch der Selbstüberprüfung und somit auch Mittel der Selbstdisziplinierung. Dies ritualisiert die Disziplin, da das Individuum sich selbst und allen anderen beurteilbar und begutachtet wird. Dass der Lernfortschritt und entsprechend die zu überprüfenden Fähigkeiten portionsweise eingeübt und überprüft werden, erzeugt für den Einzelnen Übersichtlichkeit und Orientierung, gibt somit Sicherheit. Der Taekwondoin weiß somit genau, wo er steht, wo er hingehört, was und wie viel von ihm erwartet wird. Dies ermöglicht ihm eine persönliche Kontrolle seiner gegenwärtigen Stellung.

Wenngleich es nicht um die Graduierung um ihrer selbst willen gehen sollte („Nicht der Gurt, der Weg ist das Ziel!"), ist für viele Taekwondoin das Erreichen des Dan-Grades ein großes Ziel und somit auch entscheidender Ansporn. Dennoch gilt das Erreichen der nächsten Gürtelfarbe als wichtige Wegmarke, da dies als Bestätigung der (zuvor neu) erlernten Fähigkeiten und Fertigkeiten und auch als sichtbares Zeichen für den oftmals mühsamen und anstrengenden Weg dorthin gilt.

Häufig wird der Dojang auch als eine Art Gegenwelt beschrieben, eine neu zusammengesetzte Welt, unabhängig und ungeachtet der sonst oftmals deterministischen Größen wie soziale Stellung, Alter, Geschlecht, ethnische Zugehörigkeit oder Religion. Taekwondo schafft eine neue Klassifikation und ermöglicht so dem Individuum, in den jeweiligen Positionen Anerkennung zu finden.

So erhalten etwa fortgeschrittene Schüler im Training häufig die Gelegenheit, andere Mitschüler zu unterrichten. Hierzu das entsprechende Vertrauen des Meisters oder Lehrers ausgesprochen und entgegengebracht zu bekommen, ist für den Fortgeschrittenen von großer Bedeutsamkeit. Es erscheint in diesem Zusammenhang wichtig, dass es nicht um eine reine Kopie der Techniken gehen sollte, da ansonsten der Erziehungseffekt der traditionellen geistigen und philosophischen Aspekte der Kampfkunst nur allzu leicht verloren gehen könnten. Dies sollte folglich von vornherein bedacht sein und im engen Austausch zwischen Lehrer und fortgeschrittenem Schüler thematisiert und somit verhindert werden.

Das Unterrichten als Fortgeschrittener unterstützt nicht nur das eigene Lernen, sondern fördert zusätzlich das Selbstkonzept und steigert das Selbstbewusstsein, indem es Gelegenheit gibt, eine Gruppe zu führen und die entsprechende Verantwortung für diese zu übernehmen. In dieser Situation kann der Fortgeschrittene etwas Besonderes darstellen und es bietet gewissermaßen einen Maßstab des Eigenwertes und kann somit auch eine Kompensation für subjektiv als mangelhaft empfundene Anerkennung im Leben außerhalb des Dojang darstellen.

Selbstverständlich spielt auch das Trainieren in der Gruppe eine wichtige Rolle und kann somit große soziale Motivation darstellen. Hierbei kann mitunter die (zumindest potenziell) große Heterogenität der Trainingsgruppe besonders gewinnbringend sein. Das mehrmals die Woche stattfindende Training stärkt das Zusammengehörigkeitsgefühl und spielt oftmals eine gewichtige Rolle und birgt ein hohes Maß an Motivation.

Für viele Aktive stellt die Kampfkunst in der subjektiven Wahrnehmung und Wertschätzung auch ein sehr persönliches und eigenes Element und wertvollen Bestandteil des Lebens dar. Es übersteigt häufig ganz eindeutig den Wert eines Hobbys und erreicht, je länger man die Kampfkunst ausübt, desto deutlicher, einen immer höheren Stellenwert. Es leistet einen elementaren Beitrag zur subjektiv empfundenen Lebensqualität. So wie viele Aktive dies als wesentlichen Bestandteil ihres Alltags spiegeln, ist es gleichermaßen für viele die Möglichkeit, dem Alltag einmal zu entfliehen.

Vielen Aktiven fehlen wesentliche Sinnangebote, wenn Taekwondo fehlt. Die Kampfkunst vermittelt ihren Aktiven besondere, mitunter sogar einzigartige Sinnerfahrungen. Sie gibt ihnen die Möglichkeit, befriedigende Gewohnheiten aufzubauen, die für das Leben auch außerhalb der Kampfkunst und des Sports wichtig sind. So bietet Taekwondo ihnen Chancen, erfüllende Leistungen zu erbringen, in denen sie sich in ganz besonderer Art und Weise erleben und auch darstellen können. Die intensive Sporttätigkeit ermöglicht das Abschalten und Ausblenden von Alltagsproblemen, was logischerweise zu einer seelischen Entspannung führt. Eine solche reinigende Wirkung, die in Wohlbefinden und Entspannung mündet, wird von den zahlreichen Regeln und Normen unterstützt. Dass diese wiederum freiwillig und aus eigener Motivation heraus befolgt werden, mag diesem Prozess zusätzlich dienen. Der Einzelne vermag auf diesem Weg, ganz in der Aktivität aufzugehen und alltagsfern eine völlig neue Erfahrung mit sich selbst und auch mit seiner Umwelt zu machen. Hierbei scheint für ein tatsächliches Abschalten neben der rein sportlichen Ertüchtigung auch eine entsprechende Anforderung an Psyche und Geist erforderlich zu sein. Hierzu führen dann die große Konzentration und das Erlernen und Verfeinern der diversen Techniken und der körperlichen Fertigkeiten. In diesem Fall lösen sich Spannungen und Blockaden des sonstigen Alltagsgeschehens, der Kopf wird sozusagen freier und das Individuum erhält neue Möglichkeiten der Beurteilung und Bewertung und damit auch folgerichtig seines Handelns. Diese gewonnene Entspannung erzeugt neue Kraft und Energie und wirkt sich somit als Regulativ auf den stetig wachsenden Stress im Alltag aus.

Zudem kann der sich wiederholende Trainingsprozess, neben der oben beschriebenen gewonnenen Entspannung, selbst ein entspannendes Instrument für den kommenden Alltag werden. Das wiederholungs- und zeitintensive Einüben von Techniken, Schrittkombinationen und so weiter überträgt sich durchaus auf alltägliche Situationen, welche dann mit gewohnter, größerer Gelassenheit und Ruhe angegangen werden können. Der Trainingsprozess hat im Vorfeld gezeigt, dass es sich nicht lohnt, sich über misslungene Techniken, falsch gelaufene Diagramme oder Ähnliches aufzuregen und/oder ungeduldig zu werden. So erlernt der Einzelne besser abzuschätzen, ob sich in alltäglichen Situationen Ärger, Ungeduld, Anstrengung (oder auch Angst) überhaupt lohnen. Das Thematisieren dieser Schwierigkeiten und Probleme, der Umgang mit ihnen sowie die Vermittlung neuer Verhaltensmuster sind elementare Bestandteile des Kampfkunstunterrichts und werden nicht zuletzt durch die beschriebenen einzuhaltenden Rituale und die aufzubringende Disziplin stark gefördert.

Oftmals bündeln sich auch Aspekte wie Gesundheit, Fitness und (beruflicher) Ausgleich zu einer größeren Motivation, was jedoch nicht der Suche nach Spaß und Wohlbefinden entgegenzustehen scheint.

Kapitel 7 – Fazit

Taekwondo ist eine traditionelle koreanische Kampfkunst, die sich in vielen Jahrhunderten zu einem sehr effektiven, waffenlosen Selbstverteidigungssystem entwickelt hat. Alle Bewegungen im Taekwondo gehen vom Grundsatz der Verteidigung aus, wobei annähernd jeder Körperteil als Abwehrwaffe Verwendung finden kann.

Die Kampfkunst und somit das traditionelle Taekwondo ist aber weit mehr, es ist ein faszinierender Lebensweg und somit viel mehr als bloßer Sport. Dies drückt sich explizit in der Endsilbe -*Do* aus, die den Weg zur geistigen Meisterschaft ausdrückt. Das entscheidende Ziel, die Essenz der Kampfkunst ist somit die Persönlichkeitsentwicklung und die Charakterschulung.

Es konnte gezeigt werden, dass die Kampfkunst über vielfältige soziale Funktionen sowie erzieherische und gewaltpräventive Potenziale verfügt. Und dies, obwohl ein scheinbares Paradox zwischen Gewaltausübung und Gewaltvermeidung und -ablehnung besteht. Kampfkunst, verstanden als Studium der Charakter- und Persönlichkeitsentwicklung, verhilft eindeutig zu psychischer Stärke und kann zu einem Lebensweg führen, auf dem das „Nicht-Kampf-Prinzip" verinnerlicht wurde und gelebt wird, wonach Kampfkunst eine eindeutige Methode der Gewaltprävention ist.

Taekwondo beinhaltet eine Fülle an Informationen, die sich durch die Auseinandersetzung des Individuums mit seiner Welt ergeben. Somit wird Taekwondo auch zu einem Instrument, mit dessen Hilfe sich das Individuum an die Gegebenheiten seiner Umwelt anpassen, die Integration seiner Mitmenschen sichern und interne wie externe Konflikte seiner sozialen Gruppe lösen kann. Somit kommt der Kampfkunst eine große soziale Funktion im Hinblick auf soziales Lernen und Handeln zu.

Wie beschrieben, ist dies in besonderem Maße von den beiden Protagonisten, Schüler und Lehrer, abhängig. Wie in jeder anderen Lernsituation bedarf es einer ganz spezifischen Inszenierung. Es benötigt einen Meister von hoher pädagogischer, sozialer und inhaltlicher Kompetenz und einen Schüler, der dieses mannigfache Angebot verinnerlichen kann und dies vor allem auch will.

Ebenso eindeutig erscheint ein Kampfsport, der sich in allererster Linie an Leistung, sportlichem Erfolg und Effizienz orientiert, folgerichtig deutlich weniger erfolgreich im Hinblick auf oben genannte Aspekte, die den eigentlichen Wert der Kampfkunst ausmachen.

Für Kinder und Jugendliche ergibt sich hieraus ein Instrumentarium, das sie in ihren schulischen wie privaten Alltag übernehmen können. Das Erfahren eines starken Gemeinschaftsgefühls, gelebter Hilfsbereitschaft, gegenseitigen Respekts, unabhängig von sozialen, wirtschaftlichen, religiösen oder sonstigen Barrieren der modernen Gesellschaft, Demut und Bescheidenheit sind Charaktereigenschaften, die der moderne Mensch durch das traditionelle Taekwondo erfahren und erlernen kann.

Darüber hinaus sind es die konkreten Vorzüge und Möglichkeiten, die unseren Kindern und Jugendlichen den Weg ihrer Schullaufbahn erleichtern können. Die Kampfkunst kann ihnen hier ein Instrumentarium an die Hand geben, welches sich positiv auf Lerndisziplin, Lernwillen und folglich Lernerfolg auswirkt. Dies können sie schließlich auch über den Schulalltag hinaus nutzen und in ihren weiteren Lebenslauf übernehmen.

Es konnte auch gezeigt werden, dass das traditionelle Taekwondo eine Sportart mit außerordentlich hohen gesundheitsfördernden Effekten ist. Durch ihre Vielfalt trainiert die Kampfkunst Ausdauer, Kraft, Schnelligkeit, Beweglichkeit und Koordination und wirkt sich positiv auf den gesamten Bewegungs- und Haltungsapparat aus. Die enge Verflechtung von körperlicher und mentaler Schulung verbessert verschiedenartige kognitive und affektive Aspekte, wie unter anderem die Konzentrationsfähigkeit, das Selbstbewusstsein und das Selbstwertgefühl, oder Eigenschaften wie Mut, Willenskraft und Disziplin.

Schließlich ist es der große, rein subjektive empfundene Mehrwert, den der Taekwondoin durch die Ausübung der Kampfkunst empfindet und als wesentlich für sich erfährt. Die Qualität beziehungsweise Intensität dessen steigt mit der Andauer der Ausübung und wird mit der Zeit als immer wesentlicher und oftmals sogar unverzichtbar erlebt.

Allerdings muss das Taekwondo im 21. Jahrhundert einen neuen Weg beschreiten. So darf das hohe Maß an pädagogischem und letztlich auch an gesellschaftlichem Potenzial nicht verloren gehen oder gar verschwendet werden. Der in den letzten Jahren verstärkt zu beobachtenden Verlust dessen zugunsten eines politischen Dogmatismus und einer finanziell motivierten und ebenso immer stärker werdenden Versportlichung muss sehr kritisch beobachtet werden. Dies birgt die große Gefahr einer Verdrängung und in letzter Konsequenz sogar eines Verlustes des eigenen Wertes der Kampfkunst in sich. Das aufgezeigte Grundproblem in der

Diskrepanz zwischen traditioneller, tief in der ostasiatischen Spiritualität und Philosophie verwurzelter Kampfkunst und modernem, sportlichem Wettkampfsport ist tiefgreifend und aus der Sicht des Do und somit des Selbstverständnisses des traditionellen Taekwondo unüberwindbar. Im Spiegel der aufgezeigten und in der Kampfkunst immanenten Tiefgründigkeit, die der Vervollkommnung oder zumindest Verbesserung des Selbst dienen will, ist eine Ausrichtung auf olympischen Wettkampf ein Kontrast, der grundlegend unvereinbar mit dieser Prämisse erscheint. Dies gilt auch vor dem beschriebenen Hintergrund, dass sich der Wettkämpfer natürlich mit sich selbst auseinandersetzt und somit eine entsprechende Ausformung des Selbst durch das Wettkampfgeschehen erreicht. Das ändert aber nichts daran, dass die zugrunde liegende Motivation des Wettkampfbetriebes dem Do der Kampfkunst widerspricht, da der Wettkampfsportler immer auf den rein sportlichen Erfolg ausgerichtet ist und nicht die Vervollkommnung des Selbst anstrebt. Dem steht auch nicht entgegen, dass die Kampfkunst über ein grundlegendes Graduierungssystem verfügt, welches gewisse (sportliche) Prüfungen abverlangt. Dieses basiert nämlich auf den individuellen Voraussetzungen des Prüflings, überprüft und dokumentiert dessen eigenständige Entwicklung und Verbesserung und leistet somit auch einen wichtigen Beitrag zur Persönlichkeitsentwicklung. Umstände, die in der olympischen Sportart verständlicherweise undenkbar sind.

Der Versuch, ungeachtet der philosophisch-spirituellen Widersprüchlichkeit diesen Spagat zwischen Tradition und Moderne zu erreichen, scheitert aber nicht nur an der philosophischen Durchdringung des traditionellen Taekwondo, sondern oftmals schon an diversen Sachzwängen in den Taekwondo betreibenden Vereinen. Eine Hinwendung oder Schwerpunktlegung auf den olympischen Wettkampf lässt kaum oder zumindest wenig Spielraum für die Vermittlung der und die Heranführung an die Kampfkunst. Die Betonung des einen bedeutet in logischer Konsequenz die Vernachlässigung des anderen. Sollte dieser Weg einer fortgeschrittenen Versportlichung und weiteren Professionalisierung des Sports in Zukunft ungebremst fortgesetzt werden, läuft der eigentliche Wert des Taekwondo in der Vervollkommnung des Selbst Gefahr, in Vergessenheit zu geraten. Dies wäre ein unschätzbarer Verlust. Der rein olympische Wettkampfsport wird den Ansprüchen, dem Zweck und dem Sinn des traditionellen Taekwondo nicht gerecht und das sich in den letzten Jahren etablierende System bedarf der kritischen Reflexion und Anpassung. Sei es in Form eines durchlässigen, aufeinander abgestimmten Systems, welches sowohl Kampfkunst als auch Kampfsport neben- und miteinander etabliert oder aber gegebenenfalls in der Loslösung des Wettkampfsports aus dem für die Kampfkunst stehenden Verband und dessen Selbstverwaltung.

Dementsprechend muss sich das moderne Taekwondo die Frage stellen, welchen Weg man in Zukunft beschreiten möchte. Richtet man den Fokus wie in den letzten Jahren weiterhin auf eine Versportlichung, auch um möglichst spektakulär, professionalisiert und medienwirksam noch verstärkt in die mediale Sportwelt einzutauchen. Weitere Aufmerksamkeit, Gelder und Sponsoren würden so sicher für das Taekwondo erregt beziehungsweise generiert werden können. Vorhandene Strukturen könnten hiermit und hierdurch gefestigt und auch ausgebaut werden. Das

Taekwondo könnte in der schillernden Sportwelt seinen Platz sicher weiter etablieren. Demgegenüber würden jedoch zwangsweise die oben umrissenen Wurzeln, Ziele und das Wesentliche des Taekwondo weiter an den Rand gedrängt und gegebenenfalls irgendwann sogar gänzlich verloren gehen oder etwa nur innerhalb einer Gruppe idealisierter Vertreter am Leben gehalten. Allein schon ob der über viele Jahrhunderte gewachsenen philosophischen und dem Menschen dienenden Potenziale der Kampfkunst muss dies unbedingt vermieden werden. Es wäre ein schwerwiegender Verlust, diese Errungenschaften vieler Generationen innerhalb vergleichsweise weniger Jahre vor dem Hintergrund einer missverstandenen Modernisierung scheinbar zu verbessern und somit verloren gehen zu lassen. Eine plausible Lösung ist gegebenenfalls die beschriebene Loslösung des Wettkampfsports aus den bestehenden Verbandsstrukturen. Dies würde zum einen eine deutlichere Rückbesinnung auf die Essenz der Kampfkunst Taekwondo ermöglichen. Zum anderen könnte dies des Weiteren zu einer größeren Konkurrenzfähigkeit des deutschen olympischen Taekwondo führen. Die daraus erwachsene Professionalisierung und Fokussierung auf den Wettkampf kann hier sicher nur förderlich sein. Grundvoraussetzung hierfür wären ganz klare Strukturen und eine klare Verteilung der Ressorts, auch um sportpolitische Grabenkämpfe zu vermeiden. Dass dies gelingen kann, zeigen andere Sportarten schon über Jahre.

Der eigentliche Wert des Taekwondo liegt aber viel mehr in seinem inhärenten Anspruch darauf, ein Wertesystem zu etablieren, mittels dessen sich eine soziale Gemeinschaft konstituiert und nach außen hin kommuniziert. Daraus ergibt sich folglich eine ganz wesentliche sozialpolitische Bedeutung der Kampfkunst. Das Training muss somit über seine ritualisierte Form hinausgehend verstanden werden. Es ist vielmehr ein Phänomen, das neben der sportlichen Ebene wesentliche gruppendynamische Funktionen erfüllt und jedem Einzelnen wie der Trainingsgruppe als solcher gewinnbringende Einflüsse bietet. Es stärkt deren Zusammenhalt und generiert eine Gruppenidentität, aus der wiederum jeder Einzelne Selbstbewusstsein schöpfen kann.

Taekwondo – viel mehr als nur Sport, sondern traditionelle Kampfkunst mit zahlreichen Chancen und Potenzialen für die moderne Gesellschaft!

Literaturempfehlung

- Barnickel, Lars, "Gewaltprävention durch Kampf-sport. Theorie, Einflussfaktoren und praktische Anwendung", München, 2009

- Choi Hong Hi, „Taekwon-Do", Frankfurt/Main, 1994

- Ders., "Taekwon-Do. The Art of Self-Defence", Sprendlingen, 1994

- Düren, Frank E., "Serie Grundsatzfragen. Die Frage: Ist Taekwondo gesund? Es antwortet Dr. med. Frank E. Düren", in: Park, Soo-Nam (HG), „Taekwondo Aktuell", Heft 06/20, Stuttgart, 2020, S. 12ff

- Englerth, Jürgen (HG), „Taekwondo als Lebens-weg", Ebenhausen, 2015

- Gatzweiler, Gerd, „Handbuch Taekwondo", Aachen, 2008

- Hartnack, Florian (HG), Karate, Boxen, Taekwondo – Sport für die Schule?", Hamburg, 2013

- Ders., und Dieckmann, Torben, „Taekwondo und kooperative Körperkontaktspiele als gewaltpräventive Maßnahmen in der Schule", Aachen, 2011

- Höller, Jürgen, und Maluschka, Axel, „Taekwondo Selbstverteidigung. Grundlagen, Trainingspraxis, Gürteltraining", Aachen, 2003 o Ippen, David, „Die Kunst des Selbst. Eine Interpretation des traditionellen Taekwondo", München, 2014

o Kachel, Robert, "Ein Schritt Kampf Ilbo Taeryon: Ausweichen – Abwehren – Kontern", Berlin, 2001

o Kang, Ikping, „The explanation of official taekwondo Poomsae", Seoul, 2007

o Langewitz, Oliver, und Bernart, Yvonne, „Jugendliche und Kampfsport: Persönlichkeitsentwicklung und Wertevermittlung in der Kampfsportausbildung", Göttingen, 2007

o Lee, Kyong Myong, „Richtig Taekwondo", München, 2003

o Lind, Werner, „Budo. Der geistige Weg der Kampfkünste", Bern, 1992

o Minarki, Martin, „Taekwondo zwischen Spektakel und Ritual. Kampfkunst im sozialpolitischen Kontext", Wien, 2014

o Park, Soo-Nam, „Taekwondo-Wettkampf", Stuttgart, 1984

o Riegel, Andrea-Mercedes, „Taekwondo. Hintergründe und Philosophie einer asiatischen Kampfsportart", Heidelberg, 2013

o Rubbeling, Hendrik, „Taekkyon – Wie Wasser und Wind", Norderstedt, 2017

- Salak, Branko, „Zu den Wurzeln des Taekwon-Do zurückkehren", in: Taekwondo Aktuell, Ausgabe März 2018, S. 48f

- Schlosser-Nathusius, Uschi, Markowetz, Florian (HG), „Kampfkunst als Lebensweg", Heidelberg, 2005

- Schmitt, Wolfgang, „Junbi – Sei bereit! Taekwondo-Training im Alltag", Heidelberg, 2013

- Seidel, Christian, „Taekwondo oder die Entdeckung der Werte. Gewinnen ohne zu kämpfen", München, 2011

- Um, Jaeyeong, „KTA Taekwondo Poomsae Application", Seoul, 2016

- von Saldern, Matthias, „Meisterung des Ichs. Budo zur Gewaltprävention?", Norderstedt, 2011

- Winter, Lutz, „Das Lexikon der koreanischen Kampfkünste", Berlin, 2019

- Young, Kim Joon (HG), „Kukkiwon Taekwondo Textbook", Seoul, [4]2011

Zeitfracht Medien GmbH
Ferdinand-Jühlke-Straße 7
99095 Erfurt, Deutschland
produktsicherheit@kolibri360.de